神の壮大な計画

創世記37～50章による説教

松本敏之［著］
Matsumoto Toshiyuki

キリスト新聞社

神の壮大な計画　創世記37～50章による説教◉目　次

目次

＊本文中の聖書引用は日本聖書協会『聖書　新共同訳』による。
＊聖書引用箇所を示す（　）内に書名がないものは、創世記からの引用である。

1　将　来

創世記三七章一〜三六節
マタイによる福音書二章一九〜二三節

ヨセフ物語の始まり

創世記三七章から、いわゆるヨセフ物語が始まります。三五章の終わり近くに（二二節途中から）、「ヤコブの息子は十二人であった」とあり、その十二人について母親別にまとめて記されていました。この十二人がやがてイスラエル十二部族のもとになります。ヨセフ物語は、このヤコブの家族の問題から始まります。ヨセフという人は、曽祖父のアブラハムや父ヤコブに勝るとも劣らない波乱万丈の人生を送ることになります。そのあたりのことは、三文小説よりもずっとおもしろいものがあります。事実、トーマス・マンという作家は、この物語をもとに五十一歳の時から十六年かけて『ヨセフとその兄弟』という四部作の大長編小説を書きました。日本語訳もありますが、お読みになった方はあるでしょうか。

トーマス・マンがそれだけの情熱を傾けて小説にしたほど、ヨセフ物語は人の心をそそる物語です。しかしながら、ここで一体何が主題となっているのかをつかまなければ、それはヨセフという人間の波乱万丈の生涯を描くということで終わってしまうでしょう。ここでヨセフはかなり理想化されていますが、その生涯の本筋はやはり信仰をめぐる事柄であります。

憎まれた理由――告げ口と偏愛

物語は、十七歳のヨセフが兄弟たちとの間にいろいろと問題を起こすことから始まります。初めの部分を読みますと、十人いる兄たちのうち、女奴隷の生んだ子どもたちと一緒にいたとあり、また「ヨセフは兄たちのことを父に告げ口した」（三七・二）とあります。ですから、ここで兄たちが父に隠れて何か悪いことをしていたことが前提になっています。ヨセフは兄たちから憎まれていましたが、その一つの理由は、ヨセフが父ヤコブに兄たちのことを告げ口していたからでしょう。兄たちは、父に隠れて羊の数をごまかしていたのかもしれません。ヨセフはもともと正義感の強い（曲がったことの嫌いな）人間であったのでしょう。この後の物語で、彼のそういう性格がはっきりしていきます（三九章など）。

正しいことを主張する者が憎み嫌われるのは、昔も今も変わりません。イエス・キリストも、正義を貫いたために、人から憎まれ、ついには十字架の上で殺されることになりました。その意味で、ヨセフの姿は、イエス・キリストの部分的予型であるといえるかと思います。

ヨセフが兄たちから憎まれた二つ目の理由は、彼だけが父の偏愛を受けていたということでした。父ヤコブは、ヨセフにだけ裾の長い上等の晴れ着を着せて特別扱いしました。その点で、イエス・キリストの場合とは区別しなければならないでしょう。

イスラエルは、ヨセフが年寄り子であったので、どの息子よりもかわいがり、彼には裾の長い晴れ着を作ってやった。兄たちは、父がどの兄弟よりもヨセフをかわいがるのを見て、ヨセフを憎み、穏やかに話すこともできなかった。（三七・三～四）

裾の長い着物は、労働には適さないものです。ヤコブはよりによって、これをヨセフにだけ着せたわけですから、他の兄弟が嫉妬するのも無理はないように思います。

また仮に兄たちが不正を働いていたとしても、裏返せば、兄たちは父親から本来もらえるはずのものを、つまりヨセフへ与えすぎたものを、自分たちで取り返したというふうにも考えられます。ヨセフは、父の絶大な愛と信頼のもとにいます。その父の偏愛ということが、兄たちがヨセフを憎んだ二つ目の理由です。

憎まれた理由――傲慢な夢

ヨセフが兄たちに憎まれた三つ目の理由は、ヨセフの夢にありました。ヨセフは、自分が見た二つの夢を屈託なく兄たちに話します。その夢がいかにも自己中心的に思えたのでしょう。「弟のくせに何様のつもりだ」ということです。

ヨセフの見た最初の夢は、兄たちの麦束が自分の麦束を囲んでおじぎをしているという夢でした（三七・七）。弟にそんなことを言われると、誰だってかちんとくるのではないかと思います。

二つ目は、太陽と月と十一の星が自分にひれ伏しているという夢でした（三七・九）。太陽は父ヤコブを、月は母を、星は兄弟たちを指し示しています。ヨセフの実の母親ラケルはすでに死んでいますので（三五・一九）、死んだ母親が出てきたのか、継母のレアを指しているのか。それは、どちらでもよいでしょう。兄たちには、この夢はヨセフの意識を反映させているものであり、それはとても傲慢に思えました。

父ヤコブは、ヨセフを愛していましたので、腹を立てはしませんでしたが、さすがに兄たちに対する配慮から、「そんなことを言うものではない」と注意しました。

弟を殺すか、売り渡すか

ある日、ヨセフは父の使いで羊飼いの仕事をしている兄たちの所へ行きます。最初は、シケムという所へ、その後ドタンという所まで行きます。シケムとドタンは当時ヤコブ一家が住んでいたヘブロンから北方八十～百キロくらい離れた所のようです。羊飼いたちは、牧草を求めて、随分、遠くまで行くことがわかります。ヨセフは、このドタンで兄たちを探し当てました。

兄たちは、はるか遠くの方にヨセフの姿を認めると、まだ近づいて来ないうちに、ヨセフを殺してしまおうとたくらみ、相談した。「おい、向こうから例の夢見るお方がやって来る。さあ、今だ。あれを殺して、穴の一つに投げ込もう。後は、野獣に食われたと言えばよい。あれの夢がどうなるか、見てやろう。」
（三七・一八〜二〇）

この時も、ヨセフは憎しみの対象となる例の裾の長い服を着ています（三七・二三）。「誰も見ていないこの場で、あいつを殺してしまえ。そうすれば、あの夢なんかおしまいだ、ざまあ見ろ」というわけです。

ところが、ここで二人の兄が彼の命を助けようとします。それは長男のルベンと四男のユダでありました。ルベンは、さすがに肉親の弟を殺すのはまずい、穴に投げ込めばよいではないかと言います。そして後で助けるつもりなのです。ユダのほうは殺しても何の得にもならないから、イシュマエル人に売ってしまおうと言いました。もしかするとユダも、そう言いつつやはり後で助けようと思っていたかもしれません。要するに、一旦は殺そうと思ったけれども、売ってもうけたほうがいいということに、みんなが賛成したのです。奴隷になってしまえば、もう彼らにとっては死んだも同然ですし、奴隷として苦しんだほうがいい気味だと思ったかもしれません。そして結局、ヨセフを水のない穴に投げ込みました。

しかし、ちょうどミディアン人の商人たちが通りかかり、ヨセフを穴から引き上げ、銀二十枚でイシュマエル人に売り渡し、彼らはエジプトに連れて行ってしまいました。

二人の受難

さてヨセフが連れ去られてしまった今、父ヤコブに何と話すかが問題です。彼らは、ヨセフの服に雄山羊の血をいっぱい付けて、あたかも獣にかみ殺されたかのように見せかけました。そして父ヤコブは、その通りに信じてしまいます。三二節の兄弟たちの言葉を見ると、「自分たちの弟」とは言わずに、「あなたの息子」と言っています。しらじらしい言葉で、「あんなのは弟ではない」という気持ちが表れています。
有名な放蕩息子の物語で、次男が帰って来たとき、長男が語った次の言葉に通じるものがあります。

「ところが、あなたのあの息子が、娼婦どもと一緒にあなたの身上を食いつぶして帰って来ると、肥えた子牛を屠っておやりになる。」　（ルカ一五・三〇）

一方、父親ヤコブは、本当に嘆いています。「あの子の着物だ。野獣に食われたのだ。

ああ、ヨセフはかみ裂かれてしまったのだ」(三七・三三)。

ヤコブは自分の衣を引き裂き、粗布を腰にまとい、幾日もその子のために嘆き悲しみました。子どもたちがやって来て、慰めようとしましたが、ヤコブはそれを拒みます。そして最後には、「ああ、わたしもあの子のところへ、嘆きながら陰府へ下って行こう」(三七・三五)とまで言うのです。

この物語は二人の受難について語っています。一つはヨセフの受難、もう一つはその父親のヤコブの受難です。

ヤコブの受難とは、愛する者を奪い去られるという受難です。ヨセフの受難とは、奴隷というどん底に突き落とされるという受難、そして忘却の彼方に捨て置かれるという受難です。それは親しい者から忘れ去られるということと同時に、神に見捨てられたのかという苦しみでありました。この二つの受難はそれぞれにイエス・キリストを指し示し、突き詰めていえば十字架を指し示すものです。

神の見させられる夢

ここに書かれていることは人間関係のどろどろした物語であり、全部それで説明がつきそうですが、私たちはこれを聖書として読むとき、何を聞きとればよいのでしょうか。まずヨセフの見た夢に注目したいと思います。それは、精神分析によって説明するならば、「傲慢な青年のうぬぼれの表れ」となりそうです。しかしたとえそうであったとしても、聖書的にいえば、神がヨセフの夢の中に現れたということです。ヨセフもまだ気付いていないかもしれませんが、神様がここで将来を指し示しておられるのです。

隠された神の計画の中で、ヨセフは来るべき人物であり、やがてかけがえのない役割を果たすことになります。ヨセフは、イスラエルの救いであり、確かに父や兄たちが彼の前にひざまずく日が来るのです。

神が見させられる夢、預言、それがあまりにも現実離れしている場合には、拒絶されたり、人を怒らせたりします。つぶされそうになります。ヨセフの兄たちは皮肉にも、「あれの夢がどうなるか、見てやろう」（三七・二〇）とからかいながら、ヨセフを殺そうとしました。しかし神はそこに不思議な助けの道、逃れの道を備えておられました。それはルベンを通して、またユダを通して働きます。この二人がこの時、どうしてこんな発言をしたのか。その後の彼らの行動を見ると、不可解です。というのは、最後のところで、ルベンもユダも、エジプトに行く商人を追いかけてまで助けようとはしませんし、家に帰って来てからは父に対して、ヨセフのことを結局、黙り通しました。つまり他の兄弟たちの共犯者といえるでしょう。あの瞬間、神様がルベンとユダに働いたとしか考えられないのです。そういうことが起きるのです。そして夢が実現していく。人がいくらそれを抹殺しようとしてもできないのです。そのことは私たちの希望です。

イエス・キリストの場合もそうでした。主イエスも、祭司長たち、ファリサイ派の人たちの猛反発を食らい、怒りを買い、殺されそうになります。しかし時が来るまで（つまり神が定められた時までは）、彼らとても何もできないのです。もっともイエス・キリストの場合には、ヨセフの場合と違って実際に殺されてしまいます。ただそれも神様の計画の中でのことなのです。

新約聖書における「夢」

夢という言葉は、新約聖書ではマタイ福音書にしか出てきません。全部で六回出てきますが、そのうちの五回は、一章、二章に集中しています。最初に現れるのは、マリアと婚約中のヨセフに対してです。「ダビデの子ヨセフ、恐れず妻マリアを迎え入れなさい。マリアの胎の子は聖霊によって宿ったのである」（マタイ一・二〇）。そのように、天使が語りかけるのです。その後、占星術の学者たちがイエス・キリストに会った後、

「ところが、『ヘロデのところへ帰るな』と夢でお告げがあったので、別の道を通って自分たちの国へ帰って行った」（マタイ二・一二）という言葉がありました。そして「主の天使が夢でヨセフに現れて」、こう言います。「起きて、子供とその母親を連れて、エジプトに逃げ、わたしが告げるまで、そこにとどまっていなさい」（マタイ二・一三）。その後ヘロデが死ぬと、主の天使は「エジプトにいるヨセフに夢で現れて」言いました。「起きて、子供とその母親を連れ、イスラエルの地に行きなさい」（マタイ二・一九～二〇）。さらに「夢でお告げがあったので、ガリラヤ地方に引きこもり、ナザレという町に行って住んだ」（マタイ二・二二～二三）と語られます。

マタイ福音書には、もう一回、受難物語の中で「夢」という言葉が出てきます。ピラトの妻が夢を見るのです。興味深い言葉です。

　ピラトが裁判の席に着いているときに、妻から伝言があった。「あの正しい人に関係しないでください。その人のことで、わたしは昨夜、夢で随分苦しめられました。」（マタイ二七・一九）

旧約聖書では、ヨエル書にこういう言葉があります。

その後
わたしはすべての人にわが霊を注ぐ。
あなたたちの息子や娘は預言し
老人は夢を見、若者は幻を見る。
（ヨエル三・一）

新約聖書に記されたペンテコステの出来事も、このヨエル書に記された夢と幻の成就であったといえるのではないでしょうか（使徒言行録二・一六～二一参照）。聖書を通して私たちに与えられている言葉は、必ず成就します。そこに私たちの確かな希望がありま す。

（二〇一七年一月二九日）

2 受難

創世記三八章一～三〇節
マタイによる福音書一章一～三〇節

ユダの一家をめぐる物語

前回、創世記三七章は、ヨセフの受難とその父親ヤコブの受難について語っていると述べました。創世記三八章に登場するタマルという女性は、後述するように、この二人の受難を合わせて経験したような人でした。この物語は、ヨセフの兄ユダの一家をめぐる物語です。そしてこの家族は後のダビデ王の先祖となります。さらに、それはイエス・キリストの系図にも連なるものとなるのです（マタイ一・三参照）。

ユダは、ヤコブの四男です。ユダはカナン人のシュアの娘と結婚し、三人の子どもをもうけました。上から順にエル、オナン、シェラといいます。タマルは、長男エルの妻となりました。ところがエルは「主の意に反したので、主は彼を殺された」（三八・七）

とあります。「主の意に反した」ことが何であったのかは記されていませんので、それが何であったか詮索することはあまり意味がないでしょう。

レビラート婚

昔はレビラート婚という規定がありました。それは上の息子が子をもうけずして死んだ場合、その次の息子が兄に代わって、その妻と交わり、兄のために、あるいは兄嫁のために、その子どもをもうけなければならない、という規定でした。人と人との相性などを全く無視したもので、現代の私たちからすれば、「ひどい」ということになりそうですが、それは夫に先立たれた寡婦が生活に困らないように、跡継ぎが与えられるようにと考えられたのでした。

ユダはエルの死後、次男のオナンに言います。「兄嫁のところに入り、兄弟の義務を果たし、兄のために子孫をのこしなさい」(三八・八)。ところが、オナンはその子どもが自分のものにならないのを知っていたので、タマルのところへ行きながら、そしてタマルと交わりながら、妊娠しないようにしたというのです。彼の取った態度もまた、神の意に反することであったということで、オナンもまた死ぬことになりました。

ちなみにオナンという名前は、その後、オナニーという自慰行為を指す言葉の語源となります。しかしそれは自慰行為が神の意に反するということではありません。若い人の中には、それで悩む人がありますが、そういうことではありませんので、安心してください。そうではなく、ここではオナンがタマルと交わりながら、退けたことが神の意に反することであったのだと思います。

シェラから遠ざけられる

さて父親のユダはどうしたものか。長男、次男が死んでしまいましたので、三男シェラのことも心配になりました。三男シェラはまだ子どもであったようです。こういう義務を課せられた子どももかわいそうな気がします。父親としては、三男も死んでしまっては大変だと思ったのでしょう。タマルをシェラから遠ざけ、「わたしの息子のシェラが成人するまで、あなたは父上の家で、やもめのまま暮らしていなさい」（三八・一一）と告げました。

タマルは実家に帰って過ごすことになります。かなりの年月が経ちました。恐らくシェラはもう成人していたことでしょう。彼女が呼び戻される気配はありません。

彼女はやもめのままで、放置されてしまったのです。正式に離縁されたほうがましであったかもしれません。そのほうが再婚の道が開けるからです。しかしそれもできない状態で放置されたのです。ユダの妻がやがて死にました。タマルは意を決して、思いもかけない行動に出るのです。それはなんと、しゅうとであるユダと交わって子どもをもうける、という道でありました。ユダの家の子孫を得るには、もうそれしかありません。

タマルの大胆な行動

彼女は、ユダが通ることがわかっている道で、やもめの服を脱ぎ捨て、ベールをかぶり、身なりを整え、うつむいて（顔を隠して）座るのです。ユダが通りかかります。彼は、娼婦だと思って彼女に近寄り、「さあ、あなたの所に入らせてくれ」（三八・一六）と言いました。それがまさか嫁のタマルだとは想像もしなかったようです。彼女は、「わたしの所にお入りになるのなら、何をくださいますか」と尋ね、ユダは「子山羊を一匹、送り届けよう」（三八・一七）と約束しました。彼女は、「でも、それを送り届けてくださるまで、保証の品をください」とねばります。ユダが「どんな保証がいいのか」と言うと、タマルは「あなたのひもの付いた印章と、持っていらっしゃるその杖です」

（三八・一八）と答えました。そしてユダはタマルとは知らずして、彼女と交わりました。ユダは、約束の子山羊を送り届け、自分の印章と杖を取り戻そうとしましたが、彼女は見つかりませんでした。

彼は、使いの者を通して、心当たりを尋ねるのですが、「そういう女はこのあたりにはいない」と言われ、それ以上探すことはしませんでした。「さもないと、我々が物笑いの種になるから」（三八・二三）という理由からでありました。

やがて三か月ほど経って、タマルが妊娠したことが判明します。ユダに対して告げる者がありました。「あなたの嫁タマルは姦淫をし、しかも、姦淫によって身ごもりました」（三八・二四）。ユダは「あの女を引きずり出して、焼き殺してしまえ」と言うのです。この言葉から、ユダがタマルを身内のまま放置していたことがわかります。つまり彼女は離縁もされず、しかも三男も与えられなかったのです。離縁していたならば、そうは言わなかったでしょうから。

彼女が引きずり出されようとしたとき、タマルはしゅうとユダに使いを送り、その使いの人に「わたしは、この品々の持ち主によって身ごもったのです」「どうか、このひもの付いた印章とこの杖とが、どなたのものか、お調べください」（三八・二五）と言いました。それは、とりもなおさず、しゅうとユダのものでありました。

双子ペレツとゼラの誕生

やがて彼女は双子を産みます。ペレツとゼラという名前ですが、それが先ほど読んでいただいたイエス・キリストの系図の中にも登場することになります。ペレツのほうがダビデの先祖となり、やがてその系譜の末からイエス・キリストがお生まれになります。ちなみに、この双子の誕生の描写はおもしろいですね。最初に一方が手を出し、そこに赤い紐をつけるのですが、その子は手を引っ込めてしまいます。そしてもう一方の子が先に生まれてくる。そちらがペレツと名付けられます。「出し抜き」という意味です。こういう名前を付けられた赤ちゃんはかわいそうですね。そして後から出て来た子がゼラと名付けられました。「真っ赤」という意味です。

日本では、昔は後から生まれたほうが慣習的に長男、長子といわれたようですが、法的には先に出て来たほうが長子ということです。ただしこの二人の場合は微妙ですね。先に手だけ出て来て、引っ込めて、別のほうが先に生まれてきたわけですから。しかしこの出し抜きの話の伏線には、エサウとヤコブのエピソード（つまりペレツとゼラの祖父の物語）があるように思います。

二つの受難

さてこのタマルという人は、先に申し上げたように、ヤコブとヨセフが経験した受難を合わせて受けたような人でありました。

愛する人を奪われる。彼女は、若くして夫を奪われました。そして彼女がオナンのことをどう思っていたかはわかりませんが、最も頼りたい存在、唯一頼るべき存在であったオナンから退けられ、やがてそのオナンにも先立たれます。寡婦として生きることを余儀なくされた女性です。しかもそれだけではありません。寡婦という地位のままで、ヨセフがそれを経験するように、忘却の彼方に捨て置かれるのです。彼女は神様からも見捨てられたと思ったかもしれません。

しかし神様は、彼女を見捨ててはおられませんでした。そしてこれから見ていきますように、ヨセフをも見捨ててはおられませんでした。「もうこれで終わりだ」と思うそのどん底で、タマルもヨセフも、全く思いもよらない仕方で、神から見捨てられてはいなかったことが示されるのです。

それは、イエス・キリストの受難を映し出しているようです。イエス・キリストも、最後には弟子たちにも逃げられ、わずかな女弟子たちに見取られながら、十字架にかけられました。そしてこう叫ぶのです。

「エリ、エリ、レマ、サバクタニ。」「わが神、わが神、なぜわたしをお見捨てになったのですか。」（マタイ二七・四六）

それはすべて捨てられた者、捨てられたかに見える者の叫び、嘆きを引き受けているようです。この二人の苦難、つまりタマルの苦難もヨセフの苦難も、イエス・キリストによってしっかりと受け止められ、引き上げられているということもできるのではないでしょうか。

また愛する者と引き裂かれる受難は、イエス・キリストを奪われたまわりの人たち、特にマグダラのマリアのことを思い起こします。彼女は、まさに愛するイエスから引き離された人でした。イエスの墓の前で、こう言いました。「わたしの主が取り去られました。」「あなたがあの方を運び去ったのでしたら、どこに置いたのか教えてください」（ヨハネ二〇・一三、一五）。

ヨセフの父ヤコブの声と重なり合うものがあります。「あの子がいない。わたしは、このわたしは、どうしたらいいのか」（三七・三〇）。「ああ、わたしはあの子と一緒に陰府にまで下ろう」と言ったヤコブの嘆きを思い起こします。

タマルの「正しさ」とは

さてタマルから話を聞いたときに、ユダはこう言いました。

「わたしよりも彼女の方が正しい。わたしが彼女を息子のシェラに与えなかったからだ。」（三八・二六）

この言葉は、考えてみると深い言葉であると思います。ユダよりも勝った彼女の正しさとは一体何なのでしょうか。この時はモーセの律法以前ですから、「法」といえるかどうかわかりませんが、当時のやり方、慣習を「法」だとすれば、彼女はそのまま裁かれる可能性もありました。この時、ユダが知らん顔をして、そういう方法を示すこともできたと思います。しかし彼は「わたしよりも彼女のほうが正しい」と言うのです。この「正しさ」とは何でしょうか。

私は、イエス・キリストが「わたしは律法を廃するために来たのではない。廃するためではなく、完成するために来たのだ」と語られたことを思い起こします（マタイ五・一七〜二〇参照）。イエス・キリストは、新しい「正しさ」、聖書的な表現でいえば、新しい「義」を示すために来られた。古い義と新しい義の対比の中で、新しい義を示されたということができると思います。

その当時のルール、あるいは律法をそのまま文字通りに当てはめようとするのが、表面的な正しさだとすれば、それを超えたものがあるのです。タマルの置かれた社会状況からすると、ユダはタマルと比べて圧倒的に強い側にいます。そして聖書になじまない言葉かもしれませんが、有産階級に属しています。タマルのほうは無産階級であり、身寄りのない側、捨て置かれても何も文句の言えないような状況にあります。

私たちの世界では、しばしば持てる者が持たざる者を法の名のもとに裁くということがあるのではないでしょうか。この時もユダの一家がタマルを家の嫁に据え置き、自分たちのものだとしながら、それでいて彼女をないがしろにしているという状態でありました。そのことに対して、タマルは自分にできる方法で挑戦したといえると思います。そのことはやがて、イエス・キリストが、古い義の中で新しい義をお示しになった方法と似ています。つまり、イエス・キリストは、安息日律法を盾にとり、安息日には何もしてはならないと言って苦しんでいる人を放置するよりは、安息日律法を超える形で、より弱い人、苦しんでいる人の側に立たれました。イエス・キリストは、こう言われました。

「言っておくが、神殿よりも偉大なものがここにある。もし、『わたしが求めるのは憐れみであって、いけにえではない』という言葉の意味を知っていれば、あなたたちは罪もない人たちをとがめなかったであろう。人の子は安息日の主なのである。」

（マタイ一二・六〜八）

それがイエス・キリストが示された新しい義ということです。

タマルのほうがユダよりも正しいとすれば、そういうことと関係があるのではないでしょうか。表面的な法、ルールによって、彼女を裁くよりも、「いや、彼女を放置しておいた自分のほうが悪かった」というユダの反省、悔い改めの言葉として聞くことができるでしょう。

もちろん旧約聖書の中においても、次の言葉に示されるように、弱い立場の人たちをないがしろにしてはならないということが律法の根本精神にありました。

（主は）孤児と寡婦の権利を守り、寄留者を愛して食物と衣服を与えられる。あなたたちは寄留者を愛しなさい。

（申命記一〇・一八〜一九）

ですからその根本精神を取り戻すために、イエス・キリストは新しい義をお示しになったということもできるでしょう。タマルの存在は、私たちにそういうことを思い起こさせてくれるのではないでしょうか。

（二〇一七年三月一二日）

3　誘惑

創世記三九章一～二三節
マタイによる福音書二六章四一節

聖書三大悪女の一人

創世記三九章に登場するポティファルの妻は、「聖書三大悪女の一人」といわれることがあります。あとの二人が誰かといえば、一人は列王記上の一九章に出てくるアハブ王の妻イゼベル。アハブをけしかけて、預言者エリヤを亡き者にしようとしました。二人目は、新約聖書で領主ヘロデの妻となったヘロディア（サロメの母）です（マルコ六・一九他）。娘サロメに言って、洗礼者ヨハネの首をはねるように仕組んだ人です。いずれも権力者の妻です。この二人に比べれば、ポティファルの妻はまだましなほうかもしれません。なぜこの三人が三大悪女なのか、聖書的根拠はありません。いずれにしろ男の視点であって、女性からは叱られそうです。もっと悪い男はたくさん出てきますから。

主が共におられ

　さてエジプトに売り渡されたヨセフは、ファラオの宮廷の役人で、侍従長のエジプト人ポティファルのもとで、最初は奴隷として働くことになりました。彼はそこで誠実に働いたのでしょう。次第に頭角を現していきます。すべてが祝福されていくのです。しかしヨセフの背後にあって、その成功を導かれたのは神様でありました。二節、三節と、確認するように「主が共におられ」という言葉が繰り返されています。

　主がヨセフと共におられたので、彼はうまく事を運んだ。彼はエジプト人の主人の家にいた。主が共におられ、主が彼のすることをすべてうまく計らわれるのを見た主人は、ヨセフに目をかけて身近に仕えさせ、家の管理をゆだね、財産をすべて彼の手に任せた。（傍点筆者）　（三九・二〜四）

　ポティファルは、ヨセフの背後に神がついておられることまで悟ったわけではないでしょう。「この男はすべてうまくやる。彼を味方につけていれば、こちらも楽だ、そして安泰だ」というくらいであったでしょう。ポティファルのヨセフへの信頼はどんどん増していきました。

「主人は全財産をヨセフの手にゆだねてしまい、自分が食べるもの以外は全く気を遣わなかった。ヨセフは顔も美しく、体つきも優れていた」（三九・六）。ヨセフは今でいう「イケメン」だったのです。

美男であること、美女であることは、みんなが羨むことでしょう。しかしそれが幸福を保証するかどうかは疑問です。美女であるがために、悪い男にだまされて、身をもち崩してしまう女性もあるかもしれません。平凡な顔であれば、そういう人生にはならなかった。美男子であるがために、悪い女にだまされて、堕落してしまう男もあるかもしれません。まさに、この時のヨセフはそうした危険性、誘惑のもとにありました。ポティファルの妻は、ヨセフにしつこく言い寄ることになります。しかしヨセフはそれを拒み続けます。

「ご存じのように、御主人はわたしを側に置き、家の中のことには一切気をお遣いになりません。財産もすべてわたしの手にゆだねてくださいました」（三九・八）。そしてとうとうヨセフをして、こう言わせるまでになります。「この家では、わたしの上に立つ者はいませんから、わたしの意のままにならないものもありません」（三九・九）。奴隷から始めて、ここまで上りつめたともいえるでしょう。このことはヨセフにとって、ひとつの大きな誘惑であったと思います。それは傲慢、自己過信という誘惑です。

人は誰しも成功を収めると、それは自分の能力、あるいは努力の結果だと思いがちです。確かにスポーツ選手でも音楽家でも、成功者の物語を見ていますと、それはとても普通の人ではできない努力の結果だということがわかります。努力しないで成功するほど世の中甘くはないでしょう。しかしそこで成功した人、一位になった人が一番努力した人であったかどうかは別の話です。恐らくそれ以上の努力をした人もあるのではないでしょうか。しかし必ずしも一位になれるとは限らない。成功した人はそこでこそ、謙虚にならなければならないと思います。これは神が与えてくださったものだという意識をもつことです。そういう考えをしっかりもつことが、逆境になったときにも崩れないですむ秘訣でもあるでしょう。ヨセフはまさにそういうことをわきまえていた人でした。うまくいったときに自分ががんばったからだと思う人は、そうならなかったときに、あるいはそこから外れていったときに、落ち込んでしまうかもしれません。

ヨセフは、ポティファルの妻にこう言います。「ただ、あなたは別です。あなたは御主人の妻ですから。わたしは、どうしてそのように大きな悪を働いて、神に罪を犯すことができましょう」（三九・九）。

ポティファルの妻が、ヨセフにとって性的に魅力のある女性であったかどうかはわかりません。しかしそれは今一歩届かないところにある権力を手中にする大きな誘惑でありました。まず主人の妻を手玉に取り、やがては家を乗っ取る。しかし彼はその誘惑を退けます。

彼女にとっても、ヨセフを手にするということは、誘惑であったことでしょう。彼女は、すべてが自分の思い通りにいくと思っています。このヨセフも自分のものにしたい。しかし彼女の意のままにならないものもあるのです。

ポティファルの妻の言い寄り

ある日、彼女にとって絶好のチャンスが訪れました。誰も見ていない。彼女とヨセフだけです。「ヨ・セ・フ、さあ、こっちへいらっしゃい。誰もいないから、二人で楽しいことをしましょう。」「奥様、いけません！」「いいから、こっちへいらっしゃい。」

彼女はヨセフの服を引っ張り離そうとはしません。「私の言うことが聞けないの！」「奥様、どうぞ、おゆるしを！」ヨセフは彼女の腕をふりほどきます。それでも彼女はヨセフの袖を離そうとはしません。

ヨセフは、ついに上着をそのまま彼女の手に残し、それを脱ぎ捨てて、逃げて行きました。「どうか！　おゆるしをー。」

彼女はかんかんに怒りました。「うーん、悔しーい。ヨセフったら、よくも女の私に恥をかかせてくれたわね。今に見てらっしゃい。」彼女のヨセフへの好意は、一転して憎しみへと変わります。

「きゃー、誰か来て。ヨセフが私にいたずらしようとしたの。これが何よりの証拠よ。」彼女の手にはヨセフの上着がありました。彼女は夫ポティファルにも同じことを言いました。

「あなたがわたしたちの所に連れて来た、あのヘブライ人の奴隷はわたしの所に来て、いたずらをしようとしたのです。わたしが大声をあげて叫んだものですから、着物をわたしの傍らに残したまま、外へ逃げて行きました。」　（三九・一七～一八）

ポティファルは、彼女の言葉を信用してしまいます。「ヨセフ、なんということをしてくれたのだ！　お前を信用して用いてやったのに！　恩をあだで返すとはこのことだ。こいつを捕まえて、牢屋に入れろ！」「御主人様、違います。誤解です。」「誤解だと！

この期に及んで、まだ言い訳をしようとするのか。」「違うのです。私を信じてください。私はただ……。冤罪です。」

牢に入れられるヨセフ

ヨセフは、王の囚人をつなぐ監獄へ入れられてしまいます。エジプトへ来たときよりも、さらに悪い状態になってしまいました。しかしヨセフはここで神様から見放されたわけではありません。ここで、もう一度、あのキーワードが現れます。

しかし、主がヨセフと共におられ、恵みを施し、監守長の目にかなうように導かれたので、監守長は監獄にいる囚人を皆、ヨセフの手にゆだね、獄中の人のすることはすべてヨセフが取りしきるようになった。監守長は、ヨセフの手にゆだねたことには、一切目を配らなくてもよかった。主が、ヨセフと共におられ、ヨセフがすることを主がうまく計らわれたからである。（傍点筆者）（三九・二一～二三）

主は、いつ共におられたのか

この物語は表面的には性的な誘惑ということが進行役であります。ポティファルの妻がヨセフを誘惑するのです。しかしそのことは、それを超えた誘惑を示しています。彼女からすれば、自分の欲しい物をすべて手中に収めたいという誘惑です。これは権力者が陥る誘惑でしょう。後にダビデもこの誘惑に陥りました。そして彼はその誘惑に負けて、ウリヤの妻バト・シェバを自分のものにしてしまいます。預言者ナタンがそのダビデの罪を告発しました（サムエル記下一一～一二章）。

ヨセフにとっては、それは性的な誘惑であると同時に、主人のものを手にするという誘惑でもありました。権力への誘惑です。

この物語は、本筋の前後に短い序文と結語があり（三九・一～四、二一～二三）、その両方に「主がヨセフと共におられ」とあります。それは、確かにヨセフが地上的な祝福を得ていたときでした。では、ヨセフがまさに誘惑の危険にさらされている真ん中の部分（三九・五～二〇）では、神は共におられなかったのでしょうか。そうではありません。そこでこそ、実は神は見えない形でヨセフと共にあり、ヨセフを誘惑の危険から守っておられたのだと思います。

しかし神に誠実であろうとし、主人に誠実であろうとした結果が投獄でありました。誘惑を退けて、一生懸命主人に仕えてきたのに、どうしてこういうことになるのか。ヨセフはどん底に突き落とされても、監獄の中に入れられても、「主が共におられる」ことを信じ続けます。いや彼がたとえ信仰さえも失いかけたとしても、神がヨセフから離れることはなかったでしょう。

まさに、神がヨセフを見放してしまったとしか思えない状況こそが、「主がヨセフと共におられる」場所でありました。リュティは、この箇所の説教でこう述べています。「患難、災難、ショック、さまざまなたぐいの欠乏は、神がわれらと共におられることへの反証ではありません。むしろ、それらのことは、神がわれらと共におられることの証拠です」（W・リュティ『ヤコブ』二二三頁）。

神は、愛する者に試練と誘惑を与えつつ、それを乗り越えさせて、み心にかなう器へと育てられるのです。

考えてみれば、神はヨセフを監獄に入れることによって、ポティファルの妻の手から守られたのかもしれません。もしもあのままポティファルの家にいたならば、もっとひどいこと、恐ろしいことになっていたということも考えられます。神様は監獄でさえも、誘惑から守られる場所として用いられるのです。

イエスの荒れ野の誘惑

イエス・キリストも荒れ野で誘惑を受けられました（マタイ四・一〜一一）。そこには性的な誘惑はありませんでしたが、権力への誘惑はありました。荒れ野で誘惑を受けている間、神はイエス・キリストを突き放されたように見えます。事実、そのようなことが必要であったかもしれません。しかしあの荒れ野の誘惑の物語の初めと終わりに不思議な言葉があります。

さて、イエスは悪魔から誘惑を受けるため〝霊〟に導かれて荒れ野に行かれた。（マタイ四・一）

悪魔は離れ去った。すると、天使たちが来てイエスに仕えた。（マタイ四・一一）

これは、誘惑を受けることは天の父のみ心であったけれども、〝霊〟と「天使たち」

によって守られていたということではないでしょうか。私たちの人生もそうなのだと思います。

祝福の広がり

主がヨセフと共にあったのは、さかのぼれば、彼の曽祖父アブラハムへの約束のゆえであったということができるでしょう（一二・二）。また祖父イサクへの約束のゆえであり（二六・二四）、父ヤコブへの約束のゆえでありました（二八・一四）。彼の先祖に祝福を約束したゆえに、彼も祝福を受けたのです。

こういう先祖、こういう親をもった人は幸せであるといえるかもしれません。私たちの中にも、先祖がすばらしい人であるがゆえに、祝福を受けているように思える人があるかもしれません。私たちはどうでしょうか。すばらしい先祖はいなかったとしても、私たちは、イエス・キリストのゆえに祝福を受けるのです。

天の神様がイエス・キリストを私たちのところに遣わし、そのイエス・キリストが共におられる。その約束を与えられているがゆえに、私たちも「そのおかげで」祝福に与る者となっているのです。

ヨセフは、そのように祝福を受ける器となりました。そして同時に、ヨセフのまわりの人たちはヨセフのゆえに恵みを受けることになります。ここでは、それはポティファルであり（三九・五）、監獄に入った後は、その監獄の中のまわりにいた人たちでありました（三九・二一～二三）。そしてそれは、やがてエジプト全体に広がっていきます。ヨセフが祝福の基となるのです。エジプト人たちが信仰をもっていたかどうかはわかりません。ここでは関係がありません。ヨセフのゆえに、その祝福を受けるのです。

これもまた私たちと似ているのではないでしょうか。私たちの存在、それはイエス・キリストによって祝福された者であります。それがまわりの人たちへの祝福の基とされていくのです。そこから世界へと祝福が広がっていきます。これはすばらしいことです。そしてそこに神様のみ心があるのではないでしょうか。

（二〇一七年四月二日）

4　記憶

創世記四〇章一～二三節
ルカによる福音書一二章六節

監獄の中のヨセフ

ヨセフは侍従長ポティファルの妻の誘惑を退けたために、彼女の逆恨みで陥れられ、ポティファルの怒りを買い、監獄に入れられてしまいました。しかし監獄でもヨセフは信頼され、監守長は監獄にいる囚人を皆、ヨセフの手に委ねてしまいます。行くところ、行くところで、神様がヨセフと共におられて、恵みを施してくださったのです。

今日の四〇章の物語は、そこから始まります。この監獄は、「王の囚人をつなぐ監獄」（三九・二〇）でした。またこの監獄は、侍従長の家の中にありました（四〇・三）。そこに二人の宮廷の役人が入れられてきます。一人は給仕役の長、もう一人は料理役の長でした。給仕役の長とは、王のそばにいるので、その相談役ともなり、裁判官のような役目も果たしていたとのことです。料理役の長のほうも王の食事を作る人ですから、場合によっては毒を入れることも可能でしょう。本当に信頼されている人でなければ務まらない役職でありました。

あるとき、王の耳によからぬうわさが入ったか、あるいは実際に何かの事件が起きたのかもしれません。王は一番疑わしい、この二人の責任者を、監獄に入れてしまいました。

ヨセフは監獄の中で、そのようにして、この二人に出会ったのです。四節を見ますと、こう書いてあります。「侍従長は彼らをヨセフに預け、身辺の世話をさせた。」なんと監獄に入れた侍従長ポティファル自身がそうさせたというのです。不思議なことです。ここで一つの想像ができます。ポティファルは、もしかすると、最初から妻の言葉を疑い、うそと感じていたのではないか。あるいは最初は妻の言うことを信じたけれども、冷静に考えてみると、後でヨセフのほうが正しいであろうと悟ったのではないか。というのは、普通こういう場合、つまり、ヨセフが妻に手を出したのであれば、ヨセフは間違いなく死刑であったでしょう。しかしそれをしないどころか、ヨセフを信頼し続け、王の大切な高官の囚人をヨセフに預けてしまうのです。

ある人は、もっと推測します。もともと侍従長の夫婦はうまくいっておらず、妻のほうもそれで不満をもっていた。侍従長のほうもそれをわかっていながら、どうすることもできない。家庭内では、妻に押されっぱなしであったのかもしれません。

この監獄は、もちろんヨセフの意に反してではありますが、ヨセフがポティファルの妻からの誘惑、強要から逃れる避難場所の役割を果たしたのかもしれません。神様がヨセフを、この監獄に避難させたということもできるでしょう。

給仕役の長と料理役の長の見た夢

さてある日、この新顔の囚人二人は、ふさぎ込んでいました。「どうしてそんなに憂うつな顔をしているのですか」(四〇・七)。二人とも不思議な夢を見たというのですが、そのときのヨセフの言葉は意味深長です。「解き明かしは神がなさることではありませんか。どうかわたしに話してみてください」(四〇・八)。

給仕役の長は、早速話しました。それはぶどうの木の夢でした。

「ぶどうの木には三本のつるがありました。それがみるみるうちに芽を出したかと思うと、すぐに花が咲き、ふさふさとしたぶどうが熟しました。ファラオの杯を手

にしていたわたしは、そのぶどうを取って、ファラオの杯に搾り、その杯をファラオにささげました。」（四〇・一〇～一一）

ヨセフは、こう解き明かしました。

「三本のつるは三日です。三日たてば、ファラオがあなたの頭を上げて、元の職務に復帰させてくださいます。あなたは以前、給仕役であったときのように、ファラオに杯をささげる役目をするようになります。」（四〇・一二～一三）

さてその話を横で聞いていた料理役の長も、自分の夢について話し始めました。

「わたしも夢を見ていると、編んだ籠が三個わたしの頭の上にありました。いちばん上の籠には、料理役がファラオのために調えたいろいろな料理が入っていましたが、鳥がわたしの頭の上の籠からそれを食べているのです。」（四〇・一六～一七）

それについて、ヨセフはこう解き明かしました。

「三個の籠は三日です。三日たてば、ファラオがあなたの頭を上げて切り離し、あなたを木にかけます。そして、鳥があなたの肉をついばみます。」

（四〇・一八〜一九）

恐ろしい情景です。ここには書かれていませんが、恐らくこの人のほうが本当に悪いことをしたのではないかと察します。

夢の意味について

「解き明かしは神がなさることではありませんか」（四〇・八）。夢は、かつて神が将来を人に示す手段と考えられていました。夢解きはエジプトでも、しばしば行われていました。しかしそれは呪術的、あるいはある種の超能力をもった人がそれを解き明かすというようなものでありました。ヨセフは、そうではなく、ただ神のみがすることだと言います（四一・一六参照）。

未来は確かに神の手の内にあります。しかし神はこの力をヨセフという人物に託すのです。料理役の長に対する言葉においても、ヨセフが呪いをかける力をもっていたわけではありません。ヨセフは、ただ神が示されることを取り次ぐだけなのですが、それがヨセフを通してなされるということが重要です。

忘却の彼方に

ヨセフは、給仕役の長に自分の状況を話し、ファラオに願い出てここから助け出してくれるように頼みます。

「あなたがそのように幸せになられたときには、どうかわたしのことを思い出してください。わたしのためにファラオにわたしの身の上を話し、この家から出られるように取り計らってください」(四〇・一四)。

しかし、給仕役の長は、一旦監獄から出ると、そのことをすっかり忘れ、そのまま二年も経ってしまいます(四〇・二三〜四一・一三参照)。これは、ヨセフにとっては、三度目の試練でありました。最初の試練は、野原で兄たちに井戸に放り込まれ、そしてエジプトに奴隷として売られたこと、二度目は侍従長ポティファルの家で、ようやく希望が見えてきた矢先、監獄に入れられてしまったこと、そして三度目は、せっかく釈放のチャンスが訪れながら、給仕役の長から忘れ去られてしまったことです。

この話は、夢解きというとても大きな力を神様から委ねられながら、それでもこういう試練を経験しなければならないという矛盾、不条理を示しています。ヨセフは、アブラハムがそうであったように、約束が与えられたまま、長い間待たされるのです。ヨセフは「神様は私を覚えてくださっているだろうか」という問いをもったまま、現実には忘却の彼方に放置されます。給仕役の長は気にも留めません。

冤罪の囚人、良心の囚人

そういうことは、今日の世界にも起きうることですし、実際に起きています。数年前のことになりますが、袴田巌さんの再審裁判で無罪が確定されるというニュースがありました。一九六六年に発生した強盗殺人放火事件。裁判で死刑が確定していた袴田巌さんでありますが、二〇一四年三月二七日に、死刑および拘置の執行停止ならびに裁判の再審が決定されました。お姉さんを中心にご家族、弁護士たちが一生懸命支援したおかげでこれが確定しました。ヨセフの場合は二年間でありましたが、袴田さんの場合は四十八年間でありました（ただしその後二〇一八年六月一一日に高裁で再審請求が棄却されました。現在、最高裁に特別抗告中です）。このケース一つからでも、実は表面に出てこない冤罪事件がたくさんあるだろう、日本の外にまで目を向ければ無数にあるだろうと推測できます。

アムネスティ・インターナショナルという組織があります。その主な活動は、「良心の囚人」と呼ばれる言論、思想、宗教などを理由に不当に逮捕された人たちを支援することです。拘置所に置かれている人に手紙を出して励まし続ける。そして釈放されるように、その国の指導者に訴えかけるのです。その人のことを心に留めている人たちが世界中に大勢いるということが、文字通り、命綱になります。権力者も、そう簡単に手を出せなくなります。私たちは、そのように記憶の彼方に押しやられている人々がいることを心に留め、その人たちを孤立させないということを心がけていかなければならないのではないか。それは、外国人として日本に入国した後、囚われの身になっている人たちも同じことです。

難民受け入れの署名活動

私が働いていた経堂緑岡教会で、こういうことがありました。二〇〇四年の八月、一人の日本人女性が教会を訪れ、「教会は誰が来てもいいのですか。外国人でもいいのですか」と尋ねました。私は、「もちろんです」と答えました。その後しばらくして、その「外国人」は入国管理局によって収監拘束されたことを知りました。彼女は、「彼がとても気落ちしているので、面会して励ましてほしい」と言いましたので、私は品川の入国管理局に、彼を訪問するようになりました。

その人（アルセンヌ・グロジャさん）は、祖国コンゴ民主共和国における部族間抗争と、同族内抗争という二重の危機の中を、奇跡的に生き延びてきた人でした。妻や子どもを目の前で虐殺され、親族もほとんど殺されたとのことでした。その悲惨な現実は、想像を絶する凄まじいものであり、祖国へ帰れば、再び命の危険にさらされることを知りました。彼は、観光ビザで日本へ入国した後、日本政府に難民申請を出しましたが、認められませんでした。日本の難民規定は、国連の規定よりもはるかに厳しいのです。すでに国外退去令も出されていましたが、裁判を起こすことにより、その執行が延期されている状況でした。

私は彼を訪ね、そういう過酷な現実と隣り合わせに生きてきた人がすぐそばにいることを知って驚き、なんとかしたいと思いました。また彼と共に祈ることで、私のほうが励まされ、信仰の火が再び熱く燃やされる経験をしました。その二人はやがて婚姻届を出しましたが、それでも一旦出された国外退去令が取り消されることはありませんでした。

彼女のほうはアルセンヌさんとの出会いにより、単身で経堂緑岡教会の礼拝に集うようになり、半年後、洗礼にまで導かれました。その後は、教会としてさらに本腰を入れて、この問題に取り組むことになりました。経堂緑岡教会では、全国の諸教会に向けて、彼の「仮放免と在留特別許可を求める署名願い」を出すことを決議し、それを実行しました。その結果一万五千人以上の署名が寄せられ、それが大きな力となって、入国管理局も二人の結婚を正式なものと認め、在留特別許可がおりたのです。

今は二人そろって教会に集い、アルセンヌさんは、教会学校の教師の奉仕もしています。誰かが心に留めている、忘れられてはいないということが励ましとなり、力となることを実感しました。

ヨセフのもつ力と無力さ

さて給仕役の長が、不思議な夢の解き明かしを受けた後、ヨセフを忘れてしまったこともまた、長い目で見れば、神様の計画の中にあったといえます。やがて（二年後）給仕役が再びヨセフのことを思い出したとき、それはまさに神の時が満ちたということであったのでしょう。

ヨセフは、その非常に大きな力、人を驚かせるその能力にもかかわらず、彼自身は監獄から出ることもできず、なお困難の中に置かれたままです。ヨセフは、誰かの助けを必要とする人でした。「牢にいる」「最も小さい者の一人」です（マタイ二五・三六、四〇参照）。主イエスと共に十字架につけられた犯罪人の一人が隣にいる主イエスにこう言いました。

「イエスよ、あなたの御国においでになるときには、わたしを思い出してください」（ルカ二三・四二）

ヨセフの一四節の言葉は、この犯罪人の言葉をほうふつとさせます。またイエス・キリストご自身も、このヨセフと同じような二重性をもっておられたことを忘れてはならないでしょう。力ある方であるにもかかわらず、無力です。人々から侮辱され、こう言われます。

「他人は救ったのに、自分は救えない。……今すぐ十字架から降りるがいい。そうすれば、信じてやろう。……『わたしは神の子だ』と言っていたのだから。」

（マタイ二七・四二〜四三）

またイエス・キリストは、十字架の上で「エリ、エリ、レマ、サバクタニ」（わが神、わが神、なぜわたしをお見捨てになったのですか）と叫んだお方でもありました（マタイ二七・四六）。完全に忘れ去られてしまったように思える状況においても、神様は決して忘れてはおられない。主イエスは、言われました。

「五羽の雀が二アサリオンで売られているではないか。だが、その一羽さえ、神がお忘れになるようなことはない。」

（ルカ一二・六）

私たちの歩みにおいても、「自分は、どうしてこんなところに置かれているのか」と思うことがあるかもしれません。しかしそれは神様が、時を定めておられるのだと思います。この神様のよき意思を信じて、私たちも歩んでいきましょう。そしてまた、忘却の彼方に押しやられている人々がいることを心に留め、探し求め、連帯を示していきましょう。

（二〇一七年五月二一日）

5 知恵

創世記四一章一〜三六節
ルカによる福音書四章三一〜三六節

ファラオの見た不思議な夢

創世記四一章は、ファラオが夢を見たことから始まります。こういう夢でした。「ナイル川のほとりに立っていると、突然、つややかな、よく肥えた七頭の雌牛が川から上がって来て、葦辺で草を食べ始めた。すると、その後から、今度は醜い、やせ細った七頭の雌牛が川から上がって来て、岸辺にいる雌牛のそばに立った。そして、醜い、やせ細った雌牛が、つややかな、よく肥えた七頭の雌牛を食い尽くした。ファラオは、そこで目が覚めた」（四一・一〜四）。

不思議な、しかも不気味な夢です。夢の場面はナイル川です。ナイル川は、ネイロス（黒い）が語源で、ヨーロッパ語圏で「ナイル」と呼ばれるようになりました。ナイル川は、ビクトリア湖から約六千キロメートル北へと流れ、地中海に注ぐ、世界有数の大河です。このナイル川流域で古代エジプト文明が開化し、また旧約聖書の舞台にもなりました。このナイル川周辺が、ここから出エジプト記の前半にかけて、聖書物語の主な舞台になっていきます。

「ファラオがまた眠ると、再び夢を見た。今度は、太って、よく実った七つの穂が、一本の茎から出てきた。すると、その後から、実が入っていない、東風で干からびた七つの穂が生えてきて、実の入っていない穂が、太って、実の入った七つの穂をのみ込んでしまった。ファラオは、そこで目が覚めた」(四一・五～七)。

東風とはシロッコと呼ばれる季節風で、二月から六月にかけて吹いてくるそうです。正確にはパレスチナやその近くの地帯から吹いてくる。砂漠地帯を横切ってくるので、熱風になります。時には砂塵を巻き上げて、溶鉱炉の口のように熱風の雲で空を暗くしつくして動物や野菜を枯らせてしまうそうです。この恐怖は、イスラエルでも起こり、ホセア書一三章一五節や、エゼキエル書一七章一〇節にも記されています(『説教者のための聖書講解』第二六号三八頁参照)。

この二つの夢は、エジプトの主な産業、牧畜と農業にかかわるものでした。当時、夢にはなんらかの意味があると考えられていました。近現代の心理学でいう深層心理とは違い、将来を示している、とされていました。しかも王（ファラオ）が見る夢は、国の将来を示すと考えられましたので、大変なことでありました。

ファラオの不安

ファラオはこの不気味な夢に胸騒ぎがいたします。この夢には何か意味が隠されていると直感するのです。そしてエジプト中の魔術師と賢者を呼び集めて、自分の夢を彼らに話しました。しかし誰もその夢を解き明かすことができません。いや、実はなんとなく悪い予感がしたけれども、王に進言できる者が一人もいなかったということなのかもしれません。

ファラオは、ここで悩み思いめぐらします。彼はなんとなくいやな、悪いメッセージを受け取ったのです。王、支配者、権力者には、通常、耳触りなメッセージは届かないことが多いものです。良い知らせだけが聞こえてくる。守られているというか、隔離されている。ところが夢は隔離された王（ファラオ）のもとへ、そのような隔てを通り越して、真っすぐに届きます。ファラオはこの時、王といえども、自分の意のままにならないことがあると知らされます。王権の失墜です。そこでヨセフが登場する道備えがなされるのです。

このエピソードは、この世界には、地上の権力者といえども、その力が及ばない部分があることを語っています。計り知れない、神様の計画、神様の意図のもとに無力にされてしまうのです。新約聖書においてもこうした出来事が起こっています。ひとつは、イエス・キリスト誕生の時です。ヘロデ王は新しい王が生まれたと聞いて、恐れを抱き、なんとかその赤ちゃんを殺そうとするのですが、捕らえることができませんでした（マタイ二・一六参照）。

また受難物語のイエス・キリストの裁判を思い起こします。「なんとか言ったらどうなのか。わたしはお前を生かすことも殺すこともできるのだぞ」と脅しながら、実際には何もできない。そしてピラトの思いとは違った方向へと、物語は進んでいきます（ヨハネ一九・一〇参照）。この世を支配することに慣れているはずの者が、どうしてよいかわからず、おろおろするのです。

ヨセフの夢の解き明かし

そうしたことの後、例の給仕役の長がヨセフのことを思い出します。見事に自分の夢を解き明かしてくれた者がいた。そしてファラオにこう告げます。

「かつてファラオが僕どもについて憤られて、侍従長の家にある牢獄にわたしと料理役の長を入れられたとき、同じ夜に、わたしたちはそれぞれ夢を見たのですが、そのどちらにも意味が隠されていました。そこには、侍従長に仕えていたヘブライ人の若者がおりまして、彼に話をしたところ、わたしたちの夢を解き明かし、それぞれ、その夢に応じて解き明かしたのです。そしてまさしく、解き明かしたとおりになって、わたしは元の職務に復帰することを許され、彼は木にかけられました。」

（四一・一〇～一三）

王は早速、ヨセフを呼びにやらせます。「すぐに連れてまいれ！」すべての手を尽くした後でしたから、わらにもすがる思いであったかもしれません。ヨセフは身なりを整えて出てきます。ファラオは夢の内容を話し、ヨセフはその解き明かしをしました（四一・二五～三二）。

この解き明かしの言葉を読んで印象的なことは、ヨセフが一貫して神様中心の立場にあるということです。ヨセフは夢それ自体の興味ある現象に惑わされてはいません。焦点は明らかに常に神様に合わせられています。そしてファラオが最終的には、この神様に向き合わなければならないということを、きっぱりと告げるのです。

「わたしではありません。神がファラオの幸いについて告げられるのです。」（四一・一六）

「神がこれからなさろうとしていることを、ファラオにお告げになったのです。」（四一・二五）

「これは、先程ファラオに申し上げましたように、神がこれからなさろうとしていることを、ファラオにお示しになったのです。」（四一・二八）

「ファラオが夢を二度も重ねて見られたのは、神がこのことを既に決定しておられ、神が間もなく実行されようとしておられるからです。」（四一・三二）

ヨセフの強調点がどこにあったかがよくわかります。ヨセフの言葉は確信に満ちています。それは議論するような性格のものではありません。ヨセフが伝えたのは、「エジプトの将来は、王様、あなたの手の内にはありません。神様のみ手の中にあります」ということでした。

これは取りようによっては非常に危険な発言です。実際、この後の時代、そのようなことを為政者に告げげた預言者たちは、迫害され、あるいは抹殺されることになります。エリヤはそのことを告げたために、逃亡の身となりました（列王記上一九・一～三参照）。洗礼者ヨハネは、そのことのために首をはねられました（マタイ一四・三～一二参照）。自分の将来をおびやかす者を目の前から抹殺するというのは権力者の常とう手段です。

素直に話を聞くファラオ

ところがこの時のファラオは、ヨセフの言うことを素直に聞くのです。まさに神様の備えられた時であったのでしょう。これがまだ夢を見る前であれば、聞く耳をもたなかったでしょう。夢を見た後であっても、他の魔術師や賢者たちよりも先であったならば、信用しなかったでしょう。手を尽くして、もう誰もこの夢を解き明かせない。神様は、この間にファラオに聞く耳を与えられたのです。イザヤ書に記されている通りです。

わたしの思いは、あなたたちの思いと異なり
わたしの道はあなたたちの道と異なると主は言われる。
天が地を高く超えているように
わたしの道は、あなたたちの道を
わたしの思いはあなたたちの思いを、高く超えている。
（イザヤ五五・八〜九）

ヨセフは続けます。三三節の「このような次第ですから」という言葉が重要な折り返し点です。

「このような次第ですから、ファラオは今すぐ、聡明で知恵のある人物をお見つけになって、エジプトの国を治めさせ、また、国中に監督官をお立てになり、豊作の七年の間、エジプトの国の産物の五分の一を徴収なさいますように。このようにして、これから訪れる豊年の間に食糧をできるかぎり集めさせ、町々の食糧となる穀物をファラオの管理の下に蓄え、保管させるのです。そうすれば、その食糧がエジプトの国を襲う七年の飢饉に対する国の備蓄となり、飢饉によって国が滅びることはないでしょう。」
（四一・三三〜三六）

ヨセフはただ夢の解釈をするだけではありません。彼は解釈に基づいて、具体的な、周到な計画を話します。そのように明らかにされた神様の計画が人間の手によって放棄されることはありません。確固とした神様の目的は、ファラオの大胆な行動を要求するのです。ファラオは非常に謙虚にヨセフの言葉を聞き、そして神を畏れてヨセフの言う通りにいたします。

神はファラオをも用いられる

その時不思議なことに、ファラオは神から退けられず、神様の計画を実現する道具の一部となるのです。ファラオ（権力者）も、神様によって用いられるのです。この時、ファラオがヨセフに向かって、「おのれ、こしゃくな奴め！」と言って、再び牢屋にたたき込んだり、殺したりしていれば（まさにそういう可能性も十分あったわけですが）、恐らくファラオの将来もエジプトの将来もなかったでしょう。しかしファラオ自身、夢に現れた神様のビジョンに仕えるときに、その権力さえも用いられるものとなった。そのために、ヨセフはファラオの権力のもとで、スムーズに大臣として働くことができたのだといえるでしょう。

神様の介入は、ここで王の責任を終わらせるのではなく、行動のための新しい道筋を整えるように要求します、神様の計画が人間の計画よりも上にあるということは、人間の計画が必要ないということではありません。人は神様の計画に応答するように求められるのです。

神の将来のドラマは、人間の手によって具体化され、満たされなければならない。神様のドラマは人間の手を必要としている。それをなすための人間を、今ファラオが選ぶように促されます。しかしそれも神様がすでにお選びになっている人を、ファラオも知らず知らずのうちに選ばされるのです。神様の、歴史を超越する計画・意図が、具体的な歴史の中で、人間の手を用いて実現していきます。

ヨセフの成長

ヨセフの具体的な提案に、偏狭さはありません。危機に対する具体的な作戦を提示してはいますが、自分を売り出してはいません。ただ「聡明で知恵のある人物」というだけです。神を畏れる人。王は選ぶべくして、このヨセフを選びます。

このヨセフの知恵は人間的な賢さではありません。その知恵には、神が宿っている。

神様がそこにかかわっていることを思わせるものでした。それは新約聖書の主イエスに通じるものがあります。

イエスはガリラヤの町カファルナウムに下って、安息日には人々を教えておられた。人々はその教えに非常に驚いた。その言葉には権威があったからである。

（ルカ四・三一～三二）

その言葉に権威があった。ヨセフのこの時の言葉にも、そういう権威があったのだと思います。彼の言葉は、謙虚さと結び付いています。「主を畏れることは知恵の初め」という言葉が箴言の一章七節にありますが、主を畏れる謙虚さです。それが人に対する謙虚さにもなります。

彼はこの謙虚さをどこで身につけたのでしょうか。彼は少年の頃は、他人を思いやることはありませんでした。兄たちの気持ちを逆なでするような、心に浮かんだことをそのまま言うような、生意気な少年でした。彼がエジプトへ売り渡されたのは、計算すると十七歳の頃でありました。次回の四一章四六節に「ヨセフは、エジプトの王ファラオの前に立ったとき三十歳であった」とありますので、この間に十二～三年の年月をエジプトで、奴隷として、そして囚人として過ごしてきたことになります。その間に彼は、さまざまな苦労をさせられてきたことであろうと思います。精神的にも肉体的にも、また環境の面でも牢につながれるという、とても大きな苦労をさせられてきました。その苦労が彼を成長させたのではないでしょうか。

ヨセフが謙虚になるために、選ばれた者として神様の用いる器となるために、その期間が必要であったといえるかもしれません。この時が王が聞く耳をもつようになった時であったように、ヨセフにとっても、これがその時であったといえると思います。

それはヨセフの父であるヤコブが異国の地で経験したことに通じるものです。神様は、必要な時を備え、その間に自分の計画を進めるのに人間を育てられ、ご自分の計画を実行される。私は、ヨセフ物語からそのような壮大なドラマ、摂理ということを思うのです。私たちの人生においても、国、世界というレベルにおいても、その神様の思いを信じて歩んでいきましょう。

（二〇一七年六月一四日）

6 食糧

創世記四一章三七～五七節
ルカによる福音書一七章二〇～二一節

ヨセフに対する大臣任命

ファラオの夢を見事に解き明かしたヨセフに、ファラオは感心し（四一・三七～三八）、ヨセフを宮廷の責任者に、いわば大臣に任命しました（四一・三九～四〇）。

ヨセフは、エジプトへ奴隷として売られてやってきて、その後、さらに囚人として牢につながれてきました。これまで何の力ももたない無力な人間であったのが、ここにきて、突然、エジプトのファラオに次ぐ地位に任ぜられるのです。

ただこれと似たようなことはすでに二度ありました。彼は、エジプトへ連れて来られた後、ファラオの宮廷の役人、侍従長ポティファルの家で働くことになりました。そこでヨセフのまわりにはいつも祝福があるのを見、信頼できる人物であることを悟ったポティファルは、ヨセフに家の管理を委ね、財産もすべて彼の手に任せてしまいます。ただ家の主人であるという点においてのみ、ポティファルはヨセフの上にあったのでした。また牢屋に入れられた後も、同じように、監守長は、監獄にいる囚人を皆ヨセフに委ねてしまいます。それらがひな型のようになって、今度はそれがエジプト全土にまで広げられるのです。国中の一切のことを、ファラオはヨセフの手に委ねることにいたしました。

そしてエジプトの流儀により儀式がうやうやしく行われます。まず王の宣言がありま す。「見よ、わたしは今、お前をエジプト全国の上に立てる」(四一・四一)。

次に、職務の標章です。「印章のついた指輪を自分の指からはずしてヨセフの指にはめ、亜麻布の衣服を着せ、金の首飾りをヨセフの首にかけた」(四一・四二)。

それらは王から権力と権威が委ねられたことを示す目に見えるしるしでした。また「亜麻布の衣服を着せ」というのは、かつて兄たちから「裾の長い晴れ着」をはぎ取られたこと(三七・二三)、ポティファルの妻から着物をつかまれて、それを彼女の手に残して逃げたこと(三九・一二)から試練が始まったことを思い起こすとき、ここに神の時が満ちてヨセフの名誉が回復されたことが暗示されているのでしょう。

第三に、ヨセフを王の第二の車に乗せてのお披露目です（四一・四三）。これはツタンカーメンの墓から出土した実物に見られるように、二つの車輪をもち、平坦な台の上に要人と御者が立つという二人乗りのものです。そして民衆が歓呼します。人々は、「アブレク」と叫びました。この言葉の意味はよくわからないようです。新共同訳はそのままのカタカナ表記にして、「敬礼」という解釈を括弧で紹介しています（口語訳聖書は「ひざまずけ」）。

第四に、王権を象徴する新たな名前が与えられます（四一・四五）。ファラオがヨセフに与えたのは「ツァフェナト・パネア」という名前でした。これは、「神は語り、彼は生きる」という意味のようです。

そして第五は、エジプト人との結婚です。婚姻によって、彼がエジプトを支配する権威に正当性をもたせようとしたのでしょう。ましてや彼は外国人です。彼の妻となったのは「オンの祭司ポティ・フェラの娘アセナト」という女性でした。このポティ・フェラは、三九章に出てくるポティファルと語源は同じようですが、別人です。

エジプトのために働くヨセフ

さてここでヨセフは、完全にファラオの意のままに動きます。ヤコブ（イスラエル）の愛する息子が、今や異国の地エジプトの実権者となるのです。

ヨセフはエジプトで得た権力と権威を、自分の利益のために用いたわけではありませんでした。もっと広い視野で動いています。彼は、まさにこの段階では、自分の信仰を秘めた形にして、対決的にではなく、エジプトのために、そしてエジプトのファラオのために、誠実に、ひたすら働くのです。そこにうそはありません。

しかしその中で神のドラマは進行していきます。本当にこの物語を、そしてエジプトを統治しているのはヤハウェの神であるといえるでしょう。そのことは、バビロンに連れて行かれたダニエルの場合も同じでありました（ダニエル書参照）。

さてその後、事態はヨセフが予言した通りになっていきます。最初の七年間は大豊作でした。

ヨセフは、海辺の砂ほども多くの穀物を蓄え、ついに量りきれなくなったので、量

るのをやめた。（四一・四九）

普通、それだけ豊作が長く続くと、それが永遠に続くものというふうに勘違いして、人間はどんどん浪費のほうへ向かっていくものでしょう。そこでヨセフは、手綱を締めて治めたのです。

その後、ヨセフの予言通り厳しい飢饉が始まります。飢饉は世界各地に広がり、各地から大勢の人々がエジプトへ穀物を買いに来るようになりました（四一・五三〜五七）。

飢饉、現代にまで続く問題

飢饉、飢餓は現代的な問題でもあります。現在、地球人口は七十億人を超えました。そのうち、十分に食べ物がある人、つまり毎日、満腹感を得られるのはその約半数であると聞いたことがあります。あとの半数三十五億の人々は「おなかいっぱい」という経験をできないで生きている。そして約十億の人々や子どもたちは栄養失調状態である。さらに深刻なことは、ある年の数字でいえば、三〜四秒に一人、一分間に二十人の人が世界のどこかで餓死しているというのです。これが私たちの世界の現実です。

聖書が書かれた時代から今日まで、私たちはさまざまな面で進歩し、発展してきたはずですが、それでも大昔と同じ「飢餓」の問題はなくなってはいないのです。

この問題に関して、神様はどういうふうにかかわられるのか。これはデリケートな問題ですが、神様は人を飢えさせることを望んではおられません。神様はそれを解決する道を備えてくださいます。この場合も、それを解決できる人物を備え、その人物のもとでむしろ食糧を蓄え、養う計画を進められたのです。その知恵のある聡明な人物がヨセフでありました。

食糧の不足ではなく、分配の問題

このことは現代の食糧問題にも当てはまるのではないでしょうか。飢餓の問題にしても、神様はきっとこの問題を解決できるだけの知恵を与えてくださっているのだと思います。問題は、その知恵をどう用いるかです。自分が得をするため、自分を含む一部のグループの人たち、あるいは一部の国が得をするため、あるいは生き延びるために用いるのか、全体を救うために用いるのか。ヨセフは、その知恵と自分に与えられた権力を、自分のためではなく、すべての人が生き延びるために用いました。ヨセフの時代にも、一部の人が得をし、一時の満足感を得るために、それを用いようとする人がいたことでしょう。しかしそれを抑えてみんな生き延びることを考え、働きました。

現代の世界には、地球上のすべての人が生きるだけの十分な食糧が存在する、その意味では、飢餓は食糧の不足の問題ではなく、食糧の分配の問題であるといわれます。要はそれを全体に分配しようとする意志があるかどうかです。政治の問題だとすれば、ある特定の国の利益になるような政治をするのか、それとも全体が生きる政治をするのかということです。選挙をする時には、政治家は自分の属しているグループに益するようなことを考え、訴えがちですが、そういう偏狭さではなくて、全体を見る目をもたなければならない。しかも日本だけではなくて、世界全体を見ることのできるリーダーを、私たちは選び、生み出していかなければならないでしょう。

カサルダリガ大司教の言葉

食糧の分配ということで思い起こすのは、私がブラジルにいた最後の年（一九九八年）の出来事です。ブラジルの赤道に近い北東部（ノルデスチ）は、ブラジルの中でも最も貧しい地域、また世界の中でも、人口が密集して住む地域の中で最も貧しいといわれる地域です。

そこでは十年に一度くらい大干ばつが必ず起こっているのですが、その年にも大干ばつが起きました。ブラジルは貧富の差が激しく、持てる人と持たざる人の差がはっきりしています。ですからある所には食糧はあるけれども、ない所には全くないという状況が生まれます。この大干ばつのときにも、スーパーマーケットの倉庫には食糧があり、それを武装したガードマンが守っていました。一方、貧しい民衆はそれを買うお金もありません。ある日、群衆が大集団でその倉庫に押し入り、食糧のほとんどを盗み出すという事件が起こりました。ガードマンはなすすべもなく、ただ立ち尽くしていたとのことでした。

ブラジルには、「貧しい人の優先」を掲げる解放の神学を生み出したキリスト教基礎共同体という新しい形のカトリック教会があります。その基礎共同体のカリスマ的リーダー、ペドロ・カサルダリガ大司教は、事件の後でこう述べました。「全く何も食べるものがなく、それを食べなければ餓死するというような究極状況において、その食べ物を盗んで食べることは罪ではない。」そしてこう付け加えました。「むしろ昨年から大干ばつが来るとあれほど警告されていた状況で、十分な手を打ってこなかった政府にこそ責任がある。」

もちろん法的にいえば、盗むことは犯罪です。聖書にも「盗んではならない」という十戒の言葉があります。しかしそれを単純に弱い立場の人に適用せずに、むしろこういう状況が出される背景には、もっと巨大な「盗み」があるということを見ていたのでしょう。大司教といえば、かなり権威のある人です。その大司教が、堂々とそう語ったことに、私は驚きました。そして、自分の地位をかけて、そう断言するこの人は本物だなと思いました。この事件も、飢餓の問題が不足の問題ではなく、分配の問題であるということを思い起こさせてくれるものです。

「すべて無料」のスーパー

私たちは、この時代（三千数百年前）に比べれば、格段の科学技術を身に付けました。食糧の問題も、私たちはその間に得た科学技術、そして政治の手腕、それをどう用いるのかということが問われているのではないでしょうか。仮に不足の問題であったとしても、それを解決できるだけの知恵を、神様は私たちに与えておられるのではないかと思うのです。

今朝（二〇一七年七月九日）の「朝日新聞」に興味深い記事が出ていました。「オーストラリアのシドニーに『すべて無料』のスーパーができた」というタイトルです。

賞味期限切れ前でも処分されてしまう食品を、大手スーパーなどから譲り受けて提供する。まだ食べられるのに廃棄される「食品ロス」問題に対する意識を高めてもらい、生活に困っている人々の支援も狙う。

シドニー南部の「オズハーベストマーケット」。約二百平方メートルの店内に果物や野菜、パンやコーンフレーク、ビスケットなどが並ぶ。値札はなく、レジもない。客は買い物かご一つまで品物を手にできる。……

開店時間は平日の午前十時から午後二時まで。毎日百五十人ほどが来店し、約二千点の品物の大半はなくなる。客には寄付をお願いしている。四月の開店から五週間で二万豪ドル（約百七十万円）が集まった。……

無料でも運営できるのには理由がある。約十人のスタッフはボランティアで、家賃や光熱費は趣旨に賛同したビルのオーナーの厚意で無料。条件が満たされれば、別の場所でも展開したいという。……

（シドニー＝小暮哲夫）

これも食糧分配の不均衡を是正するためのひとつの知恵だと思います。神様が私たちにそのように知恵を出し合うようにチャレンジしておられるのではないでしょうか。

シャロームの世界

さて四一章四六～五七節は、大きな単元でいえば、三九～四一章全体のまとめです。ここには何度も、全国、国中、すべての国々、世界各地という言葉が繰り返されています。これは、神の統治がすべての地域に及んでいることを示しているのでしょう。そしてヨセフを通じて神のシャローム（平和、繁栄、安泰という広い概念）が、エジプトおよび世界のあまねくところに広がっていく様子を表しています。

真のシャロームをもたらす方、イエス・キリストの予型が、ヨセフを通じて示されているように思います。「神の国はいつ来るのか」と尋ねた人々に対して、イエスは答えて言われました。

「神の国は、見える形では来ない。『ここにある』『あそこにある』と言えるものでもない。実に、神の国はあなたがたの間にあるのだ。」（ルカ一七・二〇～二一）

神様の支配、統治は見えない形ですでに始まっています。私たちの間において始まっている。それをどう具現していくのかが私たちに問われているのではないでしょうか。
さらに、この物語を読んで興味深く思うのは、ヨセフという存在です。ヨセフは先ほど申し上げたように、イスラエルの宗教ヤハウェの神を信じるものですが、その信仰をもちながら、実に広い視野で動いていることがわかります。そして神様もそのヨセフを通して、イスラエルの救いだけではなく、エジプトの救い、そして世界全体の救いを視野に入れておられる。異なった人たち、他宗教の人たちとも共に生きていく、そういう形が示されているのだと思います。

（二〇一七年七月九日）

7 精錬

創世記四二章一～三八節
ヨハネの手紙第一 一章九節

なぜ災害が起きるのか

四二章の物語の前提になっているのは、世界各地の飢饉、食糧不足です。エジプトでは七年間の大豊作の後、ヨセフの予言通り、大飢饉が始まりました。最初のうちは、長年の経験から、蓄えにより、どこでもある程度はもちこたえられたことでしょう。しかしそれが数年にも及ぶとは、普通は予期できません。特に七年間の大豊作の後です。やがてエジプト全土に飢饉がおよび、そして世界中（エジプト、中近東世界）に広がりました。

飢饉というのは、深刻な問題です。大昔のエジプトでも、中世のヨーロッパでも、近世の日本でも、ありとあらゆる所の、ありとあらゆる時代にあった問題です。ひとつには、農学上の問題であり、気象学上の問題であります。あるいは社会学上の問題でありましょう。しかし同時に神学上の問題でもあります。神が善いお方であり、全能であるならば、なぜこういうことが起きるのか。神は全能ではないのか。あるいは神は善いお方ではないのか。もう少し譲歩していえば、なぜ神はこういうことを容認されるのか。なぜこういう悲惨なことが起きるのか。それはとても大きな問いです。

二〇一一年四月二二日、東日本大震災の直後、イタリア国営テレビＲＡＩの番組で、千葉県在住の少女エレナ・マッキさんが、当時の教皇ベネディクト十六世に、「どうして日本の子どもは怖くて悲しい思いをしなければならないの」という質問をしました。それに対し、教皇は「私も自問しており、答えはないかもしれない。（十字架にかけられた）キリストも無実の苦しみを味わっており、神は常にあなたのそばにいる」と答え、さらに「悲しさは消えない。しかし、世界中の人たちがあなたたちのことを思っており、私は苦しむ日本のすべての子どもたちのために祈る」と続けました。

ルターの言葉にルーツ

二〇一七年九月三〇日、宗教改革五百周年記念行事の一環として行われた、鹿児島宗教者懇和会主催の集会で、イエズス会の川村信三神父が、「カトリックから見た宗教改革」という講演の中で、このローマ教皇の言葉を、宗教改革者ルターに関連付けられたのは興味深いことでした。

神様が善なるお方であれば、なぜこの世界には、悪が存在するのか。神は悪を治められないのか。あるいはなぜ災害、災難が存在するのか。それに対して、古来、神学者はいろいろな答えを試みていますが、必ずしも私たちを納得させるものではありません。その中で、川村神父は、宗教改革者ルターが言ったとされる言葉を、一番納得できるものとして評価されました。「それは人間にはわからない。人の目には隠されている。すべてわかると思うほうが傲慢だ」というものです。そしてベネディクト十六世の、日本の少女に対する答えは、この宗教改革者ルターの言葉に連なるものだというのです。私は、なるほどと思い、とても大事な事柄として受け止めました。「すべては神の御手の中にある。神様には神様のお考えがあり、それは人間にはすべてはわからない。神様には神様の時があり、神様の計画がある。人間は性急な答え、軽率な答えを出すべきではない。」

昔の夢の実現

さてヨセフの故郷、ヨセフの父ヤコブや兄弟たちがいるカナン地方にも飢饉が訪れました。エジプトには食糧があるらしいというニュースはヤコブの耳にも届き、息子たちに「エジプトへ行って食糧を買ってきてくれ」と頼みました。ところが彼らは躊躇します。エジプトと聞いて、そんな遠い所へ身の危険を冒してまで行きたくない、ということがあったかもしれません。あるいは、弟ヨセフに関する苦い経験が思い起こされたのかもしれません。

それをせかすようにして、あるいは命令するようにして、ヤコブは息子たちをエジプトへ送り出すのです。

いよいよヨセフの兄たちがヨセフの前にやってきました。ヨセフのほうはすぐに兄たちだと気付き、昔の夢を思い出しました。一つは、兄たちの麦束がヨセフの麦束にひれ伏したという夢（三七・六〜七）、もう一つは「太陽と月と星がヨセフにひれ伏している」（三七・九）という夢です。二度も同じような夢を見るのは、後のファラオの夢のときもそうでしたが、神がそのことをすでに決めておられることを告げるためでした（四一・三二参照）。

もちろん兄たちのほうは、気付くよしもありません。このときのヨセフの気持ちはどうであったでしょうか。ヨセフは、自分の身を明かさずに、いろいろと問いただします。そしてこう言うのです。「お前たちは回し者だ。この国の手薄な所を探りに来たにちがいない」（四二・九）。回し者というのは、スパイということです。もっとも今日的な意味でのスパイかどうかはわかりません。どこからか派遣されてエジプトを探りに来たのか。あるいは難民たちがそこにいられるかどうか、調べるというレベルのことであったかもしれません。

彼らは、こう答えます。「いいえ、御主君様。……僕どもは決して回し者などではありません」（四二・一〇～一一）。しかしヨセフのしつこい問いただしに、彼らは、父親のこと、家族のことを少しずつ話し始めます。「僕どもは、本当に十二人兄弟で、カナン地方に住むある男の息子たちでございます。末の弟は、今、父のもとにおりますが、もう一人は失いました」（四二・一三）。

ヨセフは、この言葉を聞いて、「お父さんは生きている。弟のベニヤミンも生きている」と胸が熱くなったことでしょう。

人質シメオン

「もう一人は失いました」という言葉を聞いて、ヨセフは「それが私だ」と言いたくなったかもしれませんが、そこはこらえました。そして「お前たちは回し者だとわたしが言ったのは、そのことだ。その点について、お前たちを試すことにする」（四二・一四～一五）と言うのです。

彼らの話を聞きながら、ヨセフはどうしても弟のベニヤミンに会いたくなったのでしょう。

「ファラオの命にかけて言う。いちばん末の弟を、ここに来させよ。それまでは、お前たちをここから出すわけにはいかぬ。お前たちのうち、だれか一人を行かせて、弟を連れて来い。それまでは、お前たちを監禁し、お前たちの言うことが本当かどうか試す。」（四二・一五～一六）

しかしヨセフは、その三日後、一人を帰すのではなく、一人を残してあとの九人は帰してやるというふうに変更しました。そして一人シメオンを人質として、残りは故郷へ帰しました。なぜシメオンだったのか。長男のルベンは帰りの旅の責任者として同行させなければならないので、次男のシメオンになったのか。それとも彼がエジプトへ連れて行かれたときに、一番つらくあたったからなのか。ヨセフには、兄たちに対して消すに消せぬ思いがあったことでしょう。しかしヨセフはこの時とばかり、兄たちに復讐をしようとしているのではありません。

ヨセフは、この言葉を語るのに、「わたしは神を畏れる者だ」（四二・一八）と告げます。この言葉は真実であり、ヨセフの存在基盤でもありました。興味深いことに、ヨセフが「わたしは神を畏れる者だ」と言うときには、恵みの言葉を語ります。対比的に「ファラオの命にかけて言う」と言うときには、厳しい言葉を告げるのです（四二・一五、一六）。

冷酷無慈悲に見えるけれど

ヨセフは、一見、冷酷無慈悲な人間のようですが、決してそうではありません。その証拠に、ルベンが「あのときわたしは、『あの子に悪いことをするな』と言ったではないか。お前たちは耳を貸そうともしなかった。だから、あの子の血の報いを受けるのだ」(四二・二二)と語ったとき、ヨセフは一人遠ざかって泣くのです。兄たちは、まさか自分の目の前にいるエジプト人(ヨセフ)に自分たちの言葉がわかるとは思っていないので、そのことに気付きません。彼らの間には通訳がおり、ヨセフは兄たちの言葉がわからないふりをしているのです。

一人離れて泣いた後、ヨセフは戻って来て、平静を取り戻して、続きの話をしました。彼は決して心を動かされない人間ではありませんでした。実際に、九人の兄たちを帰すときには、食糧を与え、さらにそれぞれが持って来た銀を、そっと返してやるのです(四二・二五)。恵みを施している。ヨセフは、熱い人間であるのだけれども、むしろ神様が背後にあって、ヨセフを無慈悲な人間であるかのように振る舞わせているのかもしれません。

兄たちの心には罪責がありました。

「ああ、我々は弟のことで罰を受けているのだ。弟が我々に助けを求めたとき、あれほどの苦しみを見ながら、耳を貸そうともしなかった。それで、この苦しみが我々にふりかかった。」(四二・二一)

少なくともルベンは、そのことのためにその罪を今負わされていると理解したのです。ヨセフは、それを聞いて心を動かされます。いろいろな思いが込み上げたことでしょう。これまでの十三年間、あるいはそれ以上のつらい生活。

ヨセフは、恵みをもって彼らに接し、一方で厳しく問い詰めます。なぜそうなのかは、やがてそれが明らかになる日まで隠されています。ヨセフは決して兄たちを断罪するために、このことをしているのではありませんでした。

精錬する

さてこの物語は、私たちに何を語りかけているのでしょうか。

ここに「試す」という言葉が出てきます。「その点について、お前たちを試すことにする」(四二・一五)。この言葉は、旧約聖書学者の左近淑《さこんきよし》によれば、「精錬する」とも訳せる言葉です。「精錬する」というのは、鉱石を溶かし、金属を精製する工程をいう言葉です(ゼカリヤ一三・九参照)。ヨセフはここで兄たちに復讐しているのでも、兄たちを罰しているのでもありません。彼らを「精錬」しているのです。真実を隠して、それによって彼ら自身が「不安」に生きる人間から真実を認める人間へと練り清めているのです。ここでの主体はヨセフでありますが、実はヨセフの背後にあって、神が兄たちを精錬しようとしているということもできるでしょう。ヨセフはそのために用いられるのです。

これは、私たちにも通じることでしょう。私たちが何か過ちを犯してしまったとき、神はそれを単純に罰せられるのではありません。一見、罰に見えること、あるいは自業自得に見えることも、それが最終的なものではなく、その先を見据えておられるのです。それは私たちが精錬されるということです。悔い改めをし、成長していく。神はそれを忍耐強く待っておられるのです。

このとき、彼らの「精錬」は、まだこれで終わりません。この後、もう一度理不尽に思えることが起きます（四四・一～一七）。しかしそれもヨセフを通してなされる神の精錬の一過程なのです。

神の義

また私はこれを読みながら、改めて「神の義」ということを思い起こしました。

先ほど申し上げましたように、今年はルターから始まった宗教改革五百周年の記念の年です。その発端となったのは、ルターの詩編研究でありました。ルターは修道院で詩編の講義をしていました。そのために、彼は周到な準備をするのですが、その中でルターは、「神の義」を再発見した、と言われます。これは修道院の塔の中での体験だったので、後に「塔の体験」と呼ばれるようになる大きな出来事でした。

「神の義」というのは、その当時は、「神様の正しさ」のこととして受け止められていました。「神様はその義で罪びとを罰せられる。」ところがルターは、詩編三一編で愕然とするのです。

主よ、わたしはあなたに寄り頼みます。とこしえにわたしをはずかしめず、あなたの義をもってわたしをお助けください。

（詩編三一・一、口語訳）

「義によって助ける」というのは、どういうことなのか。言葉の矛盾ではないのか。義は私たちを裁くものではないのか。この部分、新共同訳では、こうなっています。

主よ、御もとに身を寄せます。
とこしえに恥に落とすことなく

恵みの御業によってわたしを助けてください。
（詩編三一・二）

通常「義」と訳される〈ツェダーカー〉というヘブライ語が、「恵みの御業」と意訳されています。それは、ルターが発見した「義」の内容を翻訳に反映させたといえるかもしれません。ただし「義」を「恵みの御業」と訳したのは一長一短です。内容的にはよくわかるようになったけれども、意味を狭めてしまい、かえって本来のニュアンスがわからなくなってしまったともいえます。今準備中の聖書協会共同訳では、「正義」になるようです。「神の義」とは、厳しい意味合いも含みつつ、最終的にはそれによって私たちが救われる、そういうことを表しています。

ヨセフの兄たちにも、最後には喜びが訪れる。真実が明らかにされながら、その罪の赦しが宣言され、それを超える救いの計画がやがて告げられることになるのです。

自分の罪を公に言い表すなら、神は真実で正しい方ですから、罪を赦し、あらゆる不義からわたしたちを清めてくださいます。
（第一ヨハネ一・九）

（二〇一七年一一月一九日）

8 食卓

創世記四三章一～三四節
マルコによる福音書一四章二二～二六節

故郷へ帰った兄たちと父ヤコブ

ヨセフは、食糧を求めて訪ねてきたのが自分をエジプトに売り渡した兄たちであることを知り、兄たちから父ヤコブがまだ生きていること、愛する弟も生きていることを確認した後、兄たちをスパイ容疑で拘束してしまいました（四二・一七）。その後「今度来るときは必ず弟を連れて来い」と命じて、一人（シメオン）を人質にして、他の九人の兄たちを父のもとに返します。

その際ヨセフは、兄たちが持ってきた食糧の代金である銀をそのまま袋の口のところに返してやりました。もちろん食糧も与えました。兄たちは、「戻されているぞ、わたしの銀が。ほら、わたしの袋の中に」（四二・二八）と言い、さらに「これは一体、どういうことだ。神が我々になさったことは」と震えながら言いました。

さて彼らは家にたどり着きます。ここからいわば第二幕となります。

彼らは、父ヤコブに、エジプトであったこと、つまりいろいろな質問を浴びせかけられたこと、そして弟ベニヤミンを必ず連れて来いと言われたこと、シメオンが人質に取られたことを報告しました。ヤコブは息子たちにこう言います。

「お前たちは、わたしから次々と子供を奪ってしまった。ヨセフを失い、シメオンも失った。その上ベニヤミンまでも取り上げるのか。みんなわたしを苦しめることばかりだ。」

（四二・三六）

長男のルベンは、父にこう言いました。

「もしも、お父さんのところにベニヤミンを連れ帰らないようなことがあれば、わたしの二人の息子を殺してもかまいません。どうか、彼をわたしに任せてください。わたしが、必ずお父さんのところに連れ帰りますから。」

（四二・三七）

しかしヤコブは、「いや、この子だけは、お前たちと一緒に行かせるわけにはいかぬ」（四二・三八）と承知しません。ヤコブにとって最愛の妻はラケルでしたが、ラケルはベニヤミンを産んだとき、その命と引き換えに死んでしまいました。ですからヤコブは、とりわけベニヤミンをラケルの分身であるかのように愛したのでしょう。

舞台は彼らの故郷であるカナン地方のまま、四三章に入ります。飢饉はひどくなる一方であり、エジプトから持ち帰った穀物もすべて食べ尽くしてしまいました。

ヤコブは、息子たちに、もう一度エジプトへ行って、食糧を買ってくるように言うのですが、ユダはこう答えました。

「もし弟を一緒に行かせてくださるなら、我々は下って行って、あなたのために食糧を買って参ります。しかし、一緒に行かせてくださらないのなら、行くわけにはいきません。」（四三・四〜五）

ヤコブは、なおも渋るのですが（四三・六）、息子たちは、まさかこんなことになるとは思いもよらなかったと答えます（四三・七）。

兄たちの罪責

とうとうユダがこう言いました。

「あの子をぜひわたしと一緒に行かせてください。それなら、すぐにでも行って参ります。そうすれば、我々も、あなたも、子供たちも死なずに生き延びることができます。あの子のことはわたしが保障します。その責任をわたしに負わせてください。もしも、あの子をお父さんのもとに連れ帰らず、無事な姿をお目にかけられないようなことにでもなれば、わたしがあなたに対して生涯その罪を負い続けます。」

（四三・八〜九）

ユダはそのように父に誓いました。ユダは過去に犯した過ちを二度と繰り返さない、父親を二度と悲しませない、という決意をもっていますが（四三・九）、やがてその決意が試されることになります（四四章）。

他の兄弟たちもみんな、許されざる過去という力に束縛され、罪責感に固定され、不安によって追い立てられています。彼らの罪責感と不安は、父親の前でも、ヨセフの前でも、表面には出せません。今、彼らはなんとかしたいと思っていますが、過去にがんじがらめにされています。信仰をもつには、あまりにも大きな過去を引きずっています。しかしやがて、はっきりと悔い改めなければならなくなります。

ヤコブの断念と信仰

父ヤコブを揺り動かしたのは、ユダの誓いの言葉でした。この言葉に促されて、ようやくベニヤミンを同行させる決心をするのです。そしてこう祈りました。

「どうか、全能の神がその人の前でお前たちに憐れみを施し、もう一人の兄弟と、このベニヤミンを返してくださいますように。このわたしがどうしても子供を失わねばならないのなら、失ってもよい。」（四三・一四）

最後の言葉は、とても重い断念の言葉でもあります。
最初に息子たちをエジプトへ食糧を買いに行くように促したのはヤコブでしたが（四

二章の初め）、二回目は渋っています。ヤコブの行動は、ヨセフを失ったという悲しみに規定されています。その悲しみによって、新しい冒険をすることができなくなってしまっています。そこまで傷ついているのです。どうしてお前たちは、もう一人息子がいるなどと言ったのだ、と息子たちを問い詰めました。しかし最後には、他に道がないことを悟り、断念をします。しかし彼はただ断念するのではなく、神がヨセフとベニヤミンを返してくださいますように、と信仰をもって神様に委ねるのです。

このヤコブの言動には、もうどうなってもよいというやけっぱちな気持ちもあるかもしれませんが、他方で、そうした絶壁のような状況にあっても神を信じ、そこに委ねていこうとする姿勢が表れています。

「もう一人の兄弟」とは意味深長な言葉です。直接的にはシメオンを指していますが、ヨセフのことを暗示しているようでもあります。ヤコブはどうしてもヨセフが忘れられないのでしょう。

エジプトへ戻った兄たち

場面はエジプトに変わります。いわば第三幕です。

一行がヨセフの前に進み出ると、ヨセフはベニヤミンが一緒なのを見て、執事に言いました。

「この人たちを家へお連れしなさい。それから、家畜を屠って料理を調えなさい。昼の食事をこの人たちと一緒にするから。」 (四三・一六)

ヨセフにとっては本当にもてなしをしたい気持ちであったのでしょう。しかし兄たちは、どうしてこういう待遇を受けるのかわかりません。何かわなではないかと勘ぐっています。そして執事に向かって、前回は不思議にも銀が戻されていたことを正直に告げ、それをお返ししたいということを申し出るのですが、その必要はないと言われてしまいます。執事は、こう告げました。

「御安心なさい。心配することはありません。きっと、あなたたちの神、あなたたちの父の神が、その宝を袋に入れてくださったのでしょう。」 (四三・二三)

これは本当の言葉です。執事自身は、その深い意味を悟っていなかったかもしれません。彼は、ヨセフがそれを指示したとは言えないので、こういう言い方をしただけかもしれません。しかし深いところでは、ヨセフを通して神様がそのように宝を袋の中に入れてくださったのです。ヨセフの仕掛けのように見える物語も、やはり神の恵みのもとにあるのです。

ヨセフの思い

さてそこから次の場面になります。第四幕です。

ヨセフは、午前中の仕事を終えて、急いで兄弟たちのところへやってきました。「前に話していた、年をとった父上は元気か。まだ生きておられるか」（四三・二七）と、思いあふれて尋ねます。「はい、元気です」と彼らは答えました。

そして弟ベニヤミンをじっと見つめて、「前に話していた末の弟はこれか」と尋ね、「わたしの子よ。神の恵みがお前にあるように」（四三・二九）と祝福すると、急いで席を外しました。弟懐かしさに、胸が熱くなり、涙がこぼれそうになったからでした。

ヨセフは奥の部屋へ行き、一人で泣くだけ泣いてから、顔を洗って出てきます。そして平静を装い、「さあ食事だ」ということになります。

エジプト人は外国人と一緒に食事をとらない習慣になっていましたので、別々のテーブルに着きました。ヨセフは兄弟たちの席を指定いたします。「あなたはここ。次のあなたはここ。」兄たちはびっくりしました。それが兄弟の順番どおりになっていたからです。小さい子どもなら誰が兄で、誰が弟かわかりますが、大人になってしまうと、普通はわからないものです。

彼らにごちそうが給仕されるのですが、弟ベニヤミンにだけは、特別に他の兄弟よりも五倍も多く出されたということでした。一同はぶどう酒を飲み、ヨセフと共に酒宴を楽しみました（四三・三四）。

ヨセフは「懐かしさに、胸が熱くなり、涙がこぼれそうになった」（四三・三〇）とありました。

預言者ホセアは神の愛について、「わたしは激しく心を動かされ／憐れみに胸を焼かれる」（ホセア一一・八）と述べましたが、その「憐れみに胸を焼かれる」という言葉と、ヨセフの「胸が熱くなり」というのは、同じ表現です。心からいとおしむ思いと深い情緒的な思いが現れています。

逆にいえば、ここでヨセフに使われている表現を、ホセアは神様について用いています。いても立ってもいられない思いです。

ヨセフは、会いたかったベニヤミンにようやく会えた。しかしまだ完全にそれが実現したわけではありません。その一歩手前です。これまでずっと胸に秘めてきたことがもうすぐそばまで来ている。ただまだ秘密を明かすわけにはいきません。

ゆるしの前触れ

さて私は、彼らが悔い改める以前に、すでに食卓が用意されていたということを福音として聞き取りたいと思います。これはゆるしの前触れであります。ここで新しいこと、将来を指し示すものがすでに始まっているのです。食卓の主人は喜びに満ちてこの食卓を準備しました。

この食卓は、今日《こんにち》の聖餐式をほうふつとさせるものではないでしょうか。

私たちキリスト教の聖餐式は、イエス・キリストの最後の晩餐によって制定されました。食卓の主人はイエス・キリストでした。そこに十二人の弟子たちが呼び集められるのです。その十二人の弟子たちというのは、イスラエルの十二部族が背景にあり、それを前提に新しいイスラエルを象徴しています。十二部族をさらにさかのぼれば、それはヤコブの十二人の息子たちです。まさにその兄弟たちがここに集まっています。

ヨセフは別のテーブルではありますが、見えるところで、ヤコブの息子たち十二人全員が顔を合わせて食事をしています。それはもしかすると、初めてのことであるかもしれません。共に飲み食いするのは和解のしるしです。この食卓の主人であるヨセフは、兄たちをすでにゆるし、受け入れているのです。

この食卓には一つの制約があります。すべての人が同じ食卓を囲んでいるわけではありません。ヨセフは別の食卓です。しかしやがてそうした隔たりはなくなります。次に会うときには十二人が同じテーブルに着き、そこには父ヤコブも共にいることになります。

終わりの日の祝宴を指し示すもの

聖餐式はイエス・キリストの最後の晩餐によって制定されましたが、それは同時に終わりの日の神の国における祝宴を指し示す希望の食卓でもあります。主イエスは、「はっきり言っておく。神の国で新たに飲むその日まで、ぶどうの実から作ったものを飲むことはもう決してあるまい」（マルコ一四・二五）と言われました。それは、別れの言葉でありますが、同時に、「神の国において、新たに共にぶどう酒を飲む日が来る」ということを暗示しています。私たちは今日、聖餐に与ることによって過去の最後の晩餐を、信仰をもって思い起こします。しかし同時に、希望をもって天の国での食卓、喜びの宴を思い起こすのです。

私たちの聖餐式は、制約のある食卓ではあるけれども、確かに、はるかに制約のない祝宴を指し示しているのです。

私たちのこの食卓は、そのように希望のしるしです。これはヨセフの食卓と、私たちの聖餐式に通じることでしょう。

懐かしい思いと痛み。嘆きと悲しみ。希望と無情さが一つとなっているところ、その中でこの食卓は用意されているのです。私たちの現実も、同じように懐かしい思いと痛みがあります。嘆きと悲しみがあります。希望と無常さが一つとなっているところです。しかしまさにその中で、将来の完全な祝宴を指し示す希望の食卓なのです。

ヨセフがベニヤミンに向かって語った言葉「わたしの子よ。神の恵みがお前にあるように」（四三・二九）という言葉が全体を覆っています。その言葉を私たちに向けて語られた言葉として聞きつつ、私たちも前に向かって進んでいきたいと思います。

（二〇一八年一月一四日）

9 嘆願

創世記四四章一〜三四節
ヨハネの手紙一　一章九節

銀の杯盗難事件

ヨセフの兄弟たちは二度目にカナン地方から食糧を買い求めて来たところを、大臣（執政官、監督官）に呼び入れられ、一緒にぜいたくな食事をいたしました。この大臣がヨセフであったわけですが、彼ら兄弟は、まだそのことを知りません。そして食事を終え、見送りを受けてそこから帰る途中でありました。そこで彼らにしてみれば、とんでもない予期せぬ事件に巻き込まれたわけです。ヨセフが策略をしたのです。ヨセフは執事にこう命じました。

「あの人たちの袋を、運べるかぎり多くの食糧でいっぱいにし、めいめいの銀をそれぞれの袋の口のところへ入れておけ。それから、わたしの杯、あの銀の杯を、いちばん年下の者の袋の口に、穀物の代金の銀と一緒に入れておきなさい。」
（四四・一～二）

執事は言われた通りにしました。そしてあくる日、彼らが旅立った後、その執事が彼らを追いかけてきます。

「どうして、お前たちは悪をもって善に報いるのだ。あの銀の杯は、わたしの主人が飲むときや占いのときに、お使いになるものではないか。よくもこんな悪いことができたものだ。」
（四四・四～五）

この執事は、主人であるヨセフが言った通りのことをしただけでありました。このとき、どうしてヨセフはこういう意地の悪い行動に出たのでしょうか。兄たちを今でも憎んでおり、復讐心からそうしたのでしょうか。もしもそうであるとすれば、これまであれほどよくしてやったことは、すべて最後に陥れるための演技であったことになるでしょう。しかしこの後のヨセフの行動を見ていても復讐のためであるとは思えません。ずっと先のことですが、すべてが明らかにされたとき、ヨセフは恐れる兄たちを説得するようにこう言います。「しかし、今は、わたしをここへ売ったことを悔やんだり、責め合ったりする必要はありません。命を救うために、神がわたしをあなたたちより先にお遣わしになったのです」（四五・五）。このヨセフが復讐のために、そのようにしたというのは考えにくいことです。

それでは、兄たちを、そしてベニヤミンを自分のところへ引き留めておきたかったのでしょうか。もしも単純にそうであれば、これほど手の込んだことをしないで、もっと早く秘密を打ち明けていたほうがよかったでしょう。

ヨセフを通しての神のテスト

そういうふうに考えますと、これは兄たちがかつてと変わったかどうかを確かめるヨセフの行為であったということができるのではないでしょうか。いやヨセフというよりも、ヨセフを通して、深いところで神がこれをしておられるのです。ヨセフは本来、熱い情熱的な心をもった人間ですが（四二・二四、四三・三〇、四五・一参照）、神があえて冷酷な人間のように振る舞わせているのでしょう。

銀の杯の意味

この銀の杯は、五節で説明されているように、占いのときに使うものでした。この杯に水または油、時にはお酒などの液体を入れて、その中に金や銀の破片、宝石などを投げ入れ、そこにできる変化や模様を見て判断するもので、広く行われていたことだそうです。ただしヨセフはイスラエル人ですから、このような異教的慣習を実際に行っていたかどうかはわかりません。ヨセフの中に、主なる神ヤハウェへの誠実な信仰と占いという異教的慣習が共存しています。エジプトに長く住み、その社会の一員として生活していたヨセフがこの慣習になじむようになったのか、「わたしのような者は占い当てることを知らないのか」（四四・一五）と言うのです。あえてエジプトの高官であることを強調しているようでもあります。

一人ずつ取り調べ

兄たちは執事の言葉を聞いてびっくりして、それが濡れ衣であることを主張します。

「僕どもの中のだれからでも杯が見つかれば、その者は死罪に、ほかのわたしどもも皆、御主人様の奴隷になります。」（四四・九）

ところが執事は、この兄たちの言葉を和らげます。いやここにそのテストがすでに始まっているのです。「だれであっても、杯が見つかれば、その者はわたしの奴隷にならねばならない。ほかの者には罪は無い」（四四・一〇）。罪を犯した者、一人だけが奴隷になれば、後の者は帰ってよろしい。この執事は、自分で銀の杯を入れたのですから、末の弟（ベニヤミン）の袋の中に銀の杯が入っていることを知っているはずです。この人もなかなかの役者です。もちろん、そう言わせたのはヨセフです。

彼らは急いで自分の袋を開けて見せました。めいめいの袋に、またもや銀が返されていることに驚き、「やばい！」と思ったかもしれませんが、このときは、お金を返されたことは問題にされていません。銀の杯だけが問題になっている。このあたりで、何かわながあると気付いてもよさそうですが、彼らが驚いたとすら書いてありません。

執事は年上の者から順に調べていきました。一人ずつ無実が証明されていって、あと一人というところまできました。野球でいえば、今は九回裏。ほとんど勝利を目前にして、このまま試合が終わるのを待って、ベンチを飛び出そうとしている。そういうところでしょうか。「ベニヤミンの調べが終われば、私たちの疑いが晴れる！」
ところが最後の最後で、どんでん返しが起こってしまう。ベニヤミンの袋から銀の杯が見つかったのです。一瞬のうちに、最も悪い結果になってしまいました。兄たちはがっくりきたことでしょう。「よりによって、ベニヤミンだったとは！」

労苦と悩みを目に留める神

彼らは全員そろって大臣であるヨセフのところへ帰って来ました。これは何を意味しているのでしょうか。確かに彼らは「もしも誰かから銀の杯が見つかれば、全員が奴隷になる」と申し出ましたが、執事は「そこまでする必要はない」と言ったのです。ですから、このときベニヤミンだけを引き渡して、帰ろうと思えば、帰ることができました。しかしそうしないで、弟ベニヤミンをかばうために、あるいは付き添うために、全員で引き返していくのです。

兄たちは、かつてと明らかに何かが違ってきています。ヨセフがかつて連れ去られたときには、誰も助けようとしませんでした。あえていえば、ルベンだけが、後で助けようと思っていたというのですが、彼とても追いかけようとまではしませんでしたので、五十歩百歩でしょう。

　確かにあのときは、ヨセフに対する大きな嫉妬がからんでいました。しかし今回の場合も、父ヤコブは、同様にベニヤミンを偏愛しています。だから兄たちもあのときと同じであれば、「ざまあみろ」と、ベニヤミンを放っておくこともできたでしょう。しかも今回はベニヤミン自身に非があるのです。少なくとも兄たちはそう思っています。父のヤコブにも、「こればかりは自分たちにはどうすることもできませんでした」と説明がつきます。

　しかし彼らは変わりました。弟のゆるしを乞うために、全員で大臣の屋敷へ戻ってくるのです。ヨセフはそれを見たとき、何を思ったでしょうか。「お兄さんたちは、以前とは違う。」一同がヨセフの前にひれ伏します。三度目のひれ伏し（謁見）です。かつてヨセフの見た夢（三七章）が実現したということが強調されているのでしょう。ただしヨセフはまだ真実を明かしません。まだ時は満ちていないのです。

　弟が（恐らく）縛られて、エジプトの方角へ連れて来られる、というのは、ヨセフの災難を再現しているようです。またベニヤミンだけがここに残り、後の者は帰ってよろしいというのも、ヨセフの受難を繰り返しているようです。

神が罪を暴かれた

ヨセフが「お前たちのしたこの仕業は何事か」と口を開きました（四四・一五参照）。ユダが答えます。ただ、ここでユダはどんな申し開きも、言い訳も全くしていません。ここに神が介在されたことを感じ取っているのです。

「神が僕どもの罪を暴かれたのです。」（四四・一六）

この言葉は、直接的には、ベニヤミンの袋の中から、銀の杯が見つかったことを指しているのでしょうが、それだけの意味ではありませんでした。ユダの心のうちには、もっと別のこと、つまりヨセフを売り渡したという過去の罪が思い出されたのです。四二章にこういう言葉がありました。

「ああ、我々は弟のことで罰を受けているのだ。弟が我々に助けを求めたとき、あれほどの苦しみを見ながら、耳を貸そうともしなかった。それで、この苦しみが我々にふりかかった。」
（四二・二一）

彼らは弟ヨセフに対して犯した罪を後悔している。しかしその後悔が単なる後悔か、それとも悔い改めを伴うものであるかが、もう一人の弟を通して試されるのです。そしてそれに対して、ユダは誠実に答えていきます。こうなったからには、私たち全員があなたの奴隷となって、連帯責任を負います。他の兄たちも、ここで異議を唱えないということは、ユダの言葉に同意しているということでしょう。

先ほど第一ヨハネ一章九節の言葉をお読みいただきました。「自分の罪を公に言い表すなら、神は真実で正しい方ですから、罪を赦し、あらゆる不義からわたしたちを清めてくださいます。」このときのユダの言葉には、その誠実さがうかがわれます。しかしこのユダの言葉をヨセフは受け入れません。

「ただ、杯を見つけられた者だけが、わたしの奴隷になればよい。ほかのお前たちは皆、安心して父親のもとへ帰るがよい。」
（四四・一七）

これは兄たちにとってはさらなる試み、テストです。ここで、「そうですか。そこまでおっしゃるなら、そうさせていただきます」と引き下がることもできたでしょう。「言うべきことは言いました。それでも大臣に退けられたのです。」父親に、そう言うこともできたでしょう。

ユダの嘆願

ここからユダの長い嘆願が始まります。事の起こりから始めるのです。

あなたが「父や他に兄弟がいるか」とおっしゃったとき、「年とった父親と父の年寄り子である末の弟がいる」と申し上げました。父はその末の弟を、ことのほかかわいがっており、どうしても、その子をここへやることを承知しませんでした。というのは、もう一人大切な子どもを失ってしまっているからです。わたしは「命にかけても、この弟を連れ帰りますから、食糧を買いにエジプトへ行かせてください」と無理に言って、連れて来たのです。ですから、この子を連れ帰らずして、私たちは故郷に帰り、父の顔を見ることはできません。そして最後にユダはこう言うのです。「あなたは一人で十分だとおっしゃった。もしもそうであれば、どうぞこの子の代わりに、わたしを奴隷として残し、この子は他の兄弟と一緒に帰らせてください。」この言葉によって、ヨセフは兄たちの悔い改めの心が本物であることを悟るのです。

身代わりに、私を！

ユダの言葉は、兄たちがいかに変わったかを示しています。このユダは、かつて、弟をエジプトへ売ることを提案した男です。ここで殺してしまっても何にもならないから、エジプトへ売り渡してしまおうと提案した兄です。もちろん「殺させないように」という配慮からでしょうが、弟ヨセフはその言葉を聞いていて、ずっと心の中にその言葉がこびりついていたかもしれません。そのユダが、今、弟の身代わりになると言っているのです。ユダが犯した罪は、もう随分前のことです。ヨセフが十七歳のときでした。ヨセフがエジプトの大臣になったのは三十歳。それだけですでに十三年です。その後七年の豊作が続き、その後の七年間の飢饉の途中です。計算すれば二十数年前のことです。この世の法でいえば、もう時効というところでしょう。

しかし神様の前には時効はありません。いつまでも罪は消えない。神はヨセフを通して、兄たちに悔い改めを促し、それをヨセフの前ではっきりと示す機会を与えられた。この悔い改めを抜きにしては、本当の和解はない。ヨセフとの再会も本当の再会とならない。いつまでも過去を引きずっていくことになります。自分の罪を否定するどころか、他の者の罪をも自ら進んで引き受けようとしています。ここに初めてヨセフとの和解、そして神との和解が成立するのです。確かに神は人を条件なしにお赦しになる方ですが、人間の側に悔い改めがなければ、その赦しの意味もわからないでしょう。人と人の場合も、悔い改めがなければ新しい関係に入ることはできません。

ユダは全員を代表して、自分一人が奴隷になると言いました。弟の身代わりになるだけではなく、自分が兄弟を代表して、罪を負うというのです。ユダはヤコブの四番目の息子でありますが、十一名を代表するかのごとく発言しています。

さらにいえば、ユダの「身代わりに、私を」という嘆願は、執り成しの言葉です。このユダの言葉や姿は、イエス・キリストの執り成しを、特に十字架上での祈りをほうふつとさせるものではないでしょうか。「父よ、彼らをお赦しください。自分が何をしているのか知らないのです」（ルカ二三・三四）。その意味で、ユダの言葉は、イエス・キリストのひな型（プロトタイプ）といってもよいかもしれません。イエス・キリストのなにがしかを前もって映し出しているのです。

（二〇一八年二月一一日）

10　摂　理

創世記四五章一～二四節
ローマの信徒への手紙八章二六～二八節

ヨセフ物語のクライマックス

ヨセフ物語は、この四五章でクライマックスに達します。前回の心を揺さぶるユダの訴えが、ここでのヨセフの打ち明け話の場面を引き起こすきっかけになっています。より大きな文脈からいえば、ヨセフ物語全体がこの瞬間に向かって進んできたといえるでしょう。物語は、この中心軸になる打ち明け話を、可能な限り、最後の瞬間まで取っておいたのです。

ヨセフは、ユダの話を聞いて、平静を装っていることができなくなりました。ヨセフには、これまでも感情を抑え切れなくなることが何度かありました。

「末の弟をここへ連れて来い」と命令したときのこと、兄たちは、「ああ、我々は弟のことで罰を受けているのだ。弟が我々に助けを求めたとき、あれほどの苦しみを見ながら、耳を貸そうともしなかった。それで、この苦しみが我々にふりかかった」と互いに言いました。ヨセフはその話を聞いて、彼らから遠ざかって泣きました。ヨセフは通訳なしで、彼らの話を理解できたのです（四二・二〇～二四参照）。

また末の弟、ベニヤミンがエジプトへ連れて来られたときのこと、ヨセフは彼をじっと見つめて、「わたしの子よ。神の恵みがお前にあるように」と言うと、急いで席を外しました。「弟懐かしさに、胸が熱くなり、涙がこぼれそうになったからである。ヨセフは奥の部屋に入ると泣いた」（四三・三〇）とありました。

しかしここではもう、ヨセフは席を外す必要はありません。兄たちに真実を告げるつもりです。時が満ちたのです。今回は、自分が退出する代わりに、エジプト人の従者たちに、「出て行ってくれ」とお願いしました。ひとつには、兄弟水入らずで、話したいと思ったのでしょう。もうひとつ、兄弟の恥を従者たちにさらしたくないという思いもあったかもしれません。

ヨセフは、他の誰もいなくなったところで、兄たちに「わたしはヨセフです。お父さんはまだ生きておられますか」（四五・三）と言います。兄たちは、目の前のエジプトの大臣が通訳抜きで自分たちと同じ言葉で、しかも自分たちと同じなまりの言葉で話し始めたのですから、それだけでも腰を抜かすほど驚いたことでしょう。恐らく絶句したまま、しばらくは声も出なかったのではないでしょうか。

それからようやく、目の前にいるエジプトの大臣が、ヨセフであるということが現実のこととして認識できたときには、どういう思いがしたでしょうか。言いようのない恐れが襲ってきたのではないでしょうか。「自分たちが奴隷として売り渡したはずの男が、生きている。自分たちの罪を絶対にごまかすことのできないただ一人の人間が、自分たちよりもはるかに強大な力をもって、目の前に立っている。」

神の計画の中で

それを見越してヨセフは、こう続けました。

「しかし、今は、わたしをここへ売ったことを悔やんだり、責め合ったりする必要はありません。命を救うために、神がわたしをあなたたちより先にお遣わしになったのです。」（四五・五）

ヨセフは、兄たちを恨まなかったのでしょうか。恐らく、ヨセフにとっても、特に最初のうちはつらい日々であったに違いないと思います。ヨセフも人間ですから、時には恨んだこともあるでしょう。しかしながら神様は、その都度その都度、必要な助けを備えて、その危機を乗り越えさせてくださいました。

そして、今エジプトの大臣にまでなって、ようやく神様がこの道を備えてくださっていたということ、そして神様のみ旨を身をもって生きる人間になれるよう、ふさわしい試練が与えられていたのだということが見えてきたのであろうと思います。

確かに、これまでヨセフが受けた試練は、人間の悪い思いによるものです。兄たちがヨセフを奴隷として売ったことは、どこまでもその責任、その罪が消えるわけではありません。しかし神はその罪をも用いて、計画を遂行されるのです。不思議な形で、み業の中に取り込まれるのです。

ファラオの侍従長ポティファルの妻の行為もそうです（三九章）。ヨセフはポティファルの妻の求め（誘惑）に応じなかったために、投獄されました。この彼女の罪も消えるわけではありません。その罪は決して正当化できるものではありません。しかし神様は、その彼女の行為をも救いのみ業の計画の中に取り込まれるのです。

私たちが自分の決断で自分の責任でなした行為、それが悪い行為であったとしても、神は用いられるのです。それは、イスカリオテのユダの行為も同じことです。イスカリオテのユダは、「生まれなかった方が、その者のためによかった」（マタイ二六・二四）とさえ言われます。それでも神様は、ユダの裏切りの行為を用いて、み業を進められるのです。不思議な形で、神の計画に奉仕するのです。

悔やむことと悔い改めること

「しかし、今は、わたしをここへ売ったことを悔やんだり、責め合ったりする必要はありません。命を救うために、神がわたしをあなたたちより先にお遣わしになったのです」（四五・五）。この言葉を、私たちはあまり軽々しく聞くべきではないでしょう。「悔やむ必要はない」ということは、「悔い改める必要がない」ということではありません。彼らは、悔い改めたのです。前回のユダの訴え、「ベニヤミンの身代わりとして、自分を奴隷にしてください」という訴えがそれを示しています。その悔い改めの上に立って、ヨセフは語っているのです。

もちろん悔い改めがないところでも（例えばポティファルの妻がその後どうなったかどうかは何も書いてありません）、神のドラマ、神の計画は進んでいきます。しかしその事実の意味が本当にわかるのは、悔い改めを伴うときだけでしょう。ヨセフは、こう続けます。

「神がわたしをあなたたちより先にお遣わしになったのは、この国にあなたたちの残りの者を与え、あなたたちを生き永らえさせて、大いなる救いに至らせるためです。わたしをここへ遣わしたのは、あなたたちではなく、神です。」

（四五・七～八）

「残りの者」というのは子孫のことです。ヤコブの家族の救いに、後のイスラエル民族（十二部族全体）の救いが重ね合わせられているのでしょう。

摂理信仰と運命論

ヨセフは、自分のたどった道のりを振り返り、それが神の導きによるものであると悟ることができました。こうした信仰を摂理信仰と言います。摂理とは、神の見えざる導きのことです。運命論ではありません。運命論と摂理信仰は、一見似ていますが、似て非なるものです。運命論も摂理信仰も、自分の人生には、自分を超えた力が働いている、というレベルでは、共通点があります。ただ運命論の場合には自分ではどうすることもできないと思って悲観的となり、祈ることもしません。その意味を探ろうともしません。

しかし摂理信仰の場合には、神との対話があり、祈り、その意味を求めます。自暴自棄的な葛藤ではなく、み心（神様の意思）を尋ね求めるような、積極的な葛藤があります。そしてよき意思をもったお方が自分の人生を導いておられるという信仰により、逆境も乗り越えていく力が与えられるのです。試練が与えられるときにもそれに屈しない強い意志が与えられる。運命論の場合には、無力感の中で悲観に陥ってしまいます。

逆に成功したときには、運命論者の場合には、「自分はなんとついているのだろう」と思うか、「自分の力で成功した」と傲慢になるかもしれません。しかし摂理信仰の場合は、成功も神によってもたらされたものと、謙虚になることができます。ヨセフも摂理信仰に立って、謙虚にこう言いました。


「神がわたしをファラオの顧問、宮廷全体の主、エジプト全国を治める者としてくださったのです。」（四五・八）

万事が益となるように

ヨセフは兄たちに向かって、「わたしをここへ遣わしたのは、あなたたちではなく、神です」と語りました。もちろん、ヨセフを奴隷として売り渡したのは兄たちであることに変わりはありません。しかしそう言うことによって、ヨセフは兄たちを許していることを言い表しています。

自分に悪をなした相手に対して、こう語ることができるのは、なんと幸いなことでしょうか。罪の歴史の中に、神の救いの業をこのように見抜くとは、なんと幸いなことでしょうか。歴史の中に、人生の中に、しかも愚かな歩みの中に、神の救いの業の進展を見抜く者は、なんと幸いなことでしょうか。信仰をもつことの深い意味は、まさにこのことを知ることであります。パウロも、こう語りました。

神を愛する者たち、つまり、御計画に従って召された者たちには、万事が益となるように共に働くということを、わたしたちは知っています。（ローマ八・二八）

これが摂理信仰です。

ヨセフは話し終えると、弟ベニヤミンの首を抱いて泣きました。ベニヤミンもまた、ヨセフの首を抱いて泣きました。さらにヨセフは兄弟たち皆に口づけをし、彼らを抱いて泣きました。万感の思いがあふれる様子が伝わってきます。もうヨセフは感情を押し殺す必要はありません。ヨセフは、声をあげて泣き、その泣き声は遠くまで響き渡りました。

エジプトも神に用いられる

その顚末を聞いたファラオは、ぜひ家族をエジプトへ呼び寄せるように伝えるのです。ファラオにしてみれば、今こそ、ヨセフに恩返しをするときが来たということであったでしょう。それが「生き永らえさせて、大いなる救いに至らせる」という神の救済計画でありました。

ファラオは、ヨセフに家族がいると聞いて、父ヤコブと兄弟たちに、ぜひエジプトに来て一緒に住むように勧めます。「最良のものを与えよう」と言うのです。ファラオにしてみれば、エジプトがこのように食糧を蓄えていることそのものがヨセフの手柄だという思いであったのでしょう。

この出来事を、「神のドラマ」という視点から見てみると、また興味深いものがあります。神様が、このドラマを推し進められた目的が、ヤコブとその子孫を救うことにあったのだとすれば、エジプトはその目的のために用いられたということができるでしょう。形の上ではファラオがヨセフの家族を招いていますが、実は、神がヤコブの一族を救う物語の相伴にエジプトは与ったのです。私たちもそのように神様のドラマのお相伴に与るという形で恵みを受けることがあるのではないでしょうか。

もう一つの救済計画

さて神は、その後、さらに「大いなる救いに至らせるために」別の救済計画を実行されることになります。「大いなる救いに至らせるために」別の方を遣わされることになるのです。

時が満ちると、神は、その御子を女から、しかも律法の下に生まれた者としてお遣わしになりました。それは、律法の支配下にある者を贖い出して、わたしたちを神

の子となさるためでした。（ガラテヤ四・四〜五）

ヨセフは穴の中に落とされましたが、その方は、神のおられる高い天からこの地上へと降りて来られました。

ヨセフはエジプトという異郷の地へ売られましたが、その方は天の故郷から地上という異郷の地へ来られました。ヨセフはエジプト人の奴隷になりましたが、その方はすべての人に仕える僕（奴隷）になられました。

ヨセフは、それらの試練を乗り越えて、エジプト全国を治める者として高く上げられることになりましたが、その方はさらに深く下りきることによって、逆に高く上げられ、この世界全体を治めるまことの王となられました。王の中の王、キング・オブ・キングズとなられました。それはクリスマスの夜に起きた出来事でした。

ヨセフの兄たちは、驚きから恐れへと至りましたが、許しの言葉を受けて、心安らかに家路に就きました。クリスマスの夜にも、羊飼いたちは、「恐れるな」という言葉を受けて、救い主と出会い、神をあがめ、賛美しながら帰って行きました。

兄弟たちは父のもとへ帰りました。「死んだはずの者が生きていた」。このことは兄たちには恐れをもたらしましたが、それを乗り越えて、和解を伴う喜びをもたらしました。

父ヤコブにとっては、まさに「死んだはずの者が生きていた」というよりは、「死んだ者が生き返った」という復活のメッセージであったのではないでしょうか。「よかった。息子ヨセフがまだ生きていたとは。わたしは行こう。死ぬ前に、どうしても会いたい」（四五・二八）とヤコブは言います。

「命を救うために、神がわたしをあなたたちより先にお遣わしになったのです。」

（四五・五）

これはヨセフが兄たちに語った言葉ですが、私たちはこの言葉をあたかもイエス・キリストが語られたように聞くことができるのではないでしょうか。ヨセフにおいて神がなされたことを超える出来事が、イエス・キリストにおいて起こったのです。

（二〇一八年六月三日）

11 元気

創世記四五章二五節〜四六章三四節
ルカによる福音書二章二八〜三二節

再びヤコブの物語に

これまでの話はヨセフを主体に進んできましたが、ここに来てもう一度、焦点はヨセフの父ヤコブに戻ります。物語は、ここから一気に収束に向かっていきます。

「兄弟たちはエジプトからカナン地方へ上って行き、父ヤコブのもとへ帰ると、直ちに報告した。『ヨセフがまだ生きています。しかも、エジプト全国を治める者になっています。』父は気が遠くなった。彼らの言うことが信じられなかったのである」（四五・二五〜二六）。

「気が遠くなった」という部分、文語訳聖書では、「心なほ寒冷《ひややか》なりき」と訳されていました。「そんなことを聞いてもうそだと思って信じなかった」ということでしょう。

原語のヘブライ語を直訳すると、「彼の心は凍り付いた」という意味のようです。いずれにしろ、想像をはるかに超えるニュースだったのです。ヤコブは、いつもヨセフのことを心にかけていたに違いありません。もしかしたら生きているかもしれないと思い、その一方で生きているはずがないから、忘れようと努めている。

私たちの祈りも、時に「もうこんな祈りは聞き届けられるはずがない」と思い、祈ることすらやめてしまうこともあります。それでも祈らずにはいられない。しかし神様は片時もその祈りを忘れず、私たちが忘れた頃に実現してくださるということがあるのではないでしょうか。

ヤコブは、こうした出来事の中で、生きて働いておられる神様に対する畏れと感謝の気持ちを新たにしたことでしょう。そしてようやく冷静になって、元気を取り戻すのです。神様がヤコブの心をそのようにしてくださったのでした。そして元気を取り戻したときに、息子ヨセフに会いに行く決心をいたします。「よかった。息子ヨセフがまだ生きていたとは。わたしは行こう。死ぬ前に、どうしても会いたい」（四五・二八）。

ベエル・シェバでの礼拝

「イスラエルは、一家を挙げて旅立った。そして、ベエル・シェバに着くと、父イサクの神にいけにえをささげた」(四六・一)。

このところでヤコブが、イスラエルという新しい名前で呼ばれていることは暗示的です。イスラエル民族の移住が象徴されているのでしょう。ヤコブとその家族というだけではなく、自分たちの民族の父祖という含みがある。出発直後、彼はベエル・シェバに立ち寄り、礼拝をします。ここは、大事なポイントでありました。二一章によれば、アブラハムは、ここで井戸を得ました。アブラハムにとって外国で初めて得た不動産でした。またヤコブ自身、兄エサウのもとから逃れ出て来たときに、疲れ果てて眠りこけ、夢の中で神様と出会った場所でありました。「こんな地の果てにまで故郷の地と同じ神、父の神と同じ神がいる」と、ここで信仰を新たにしたのです(二八章)。ヤコブは、この場所でもう一度、今自分がエジプトへ行くことがみ心にかなったことであるのかどうかを確かめたかったのかもしれません。

神の約束の確認

その夜、神様が、幻の中でイスラエル（ヤコブ）にこう告げられます。

「わたしは神、あなたの父の神である。エジプトへ下ることを恐れてはならない。わたしはあなたをそこで大いなる国民にする。わたしがあなたと共にエジプトへ下り、わたしがあなたを必ず連れ戻す。ヨセフがあなたのまぶたを閉じてくれるであろう。」

（四六・三〜四）

エジプトに行くということは、元来神様から示された約束の地であるはずのカナンから離れることを意味します。今すでにカナンの地にいるのです。そこを離れるということは、はたしてみ心なのか。

私たちは時にそういう旅をしなければならないことがあります。その場にいるほうが、あるいは別の道に進むほうが、ゴールに近いように見える。それでも回り道のように見える道を進んでいかなければならないことが、私たちの人生にはある。

「わたしがあなたを必ず連れ戻す」という約束は、実は、ヤコブの代で完結するものではありません。その次の「ヨセフがあなたのまぶたを閉じてくれるであろう」という言葉自体が、生きて戻れないことを暗示しています。

この約束が実現するのは、この先四百年も後のことなのです。それが出エジプトの物語です。四百年というのは大変な年月です。日本でいえば、今から四百年前（一六一八年）は、徳川幕府が始まって間もない頃です。そのような昔に約束されたことが、今の時代に実現するというようなものです。なんとスケールの大きな話でしょうか。

移住者の家族呼び寄せ

このヤコブ一家の移住は、近現代の移住者たちの物語に通じるものがあります。移住者は、多くの場合、まず誰か一人が別の土地に移り住みます。その人が成功したら（なんとか生活が成り立つようになれば）家族や親族を呼び寄せるのです。アメリカに移住した日本人たちもそうでした。ブラジルに移住した日本人たちもそうでした。アルゼンチンに住む日系人の多くは花屋さんかクリーニング屋さんです。ブエノスアイレスの日本人教会を訪ねたときに、そういう話を興味深く聞きました。クリーニング屋さんは信用が第一です。「日本人のクリーニング屋さんは間違いない。仕上げがきれいだ。」花屋さんの場合は、店頭で花を見たら、すぐにどれだけ手をかけているかがわかるでしょう。少し軌道に乗って地盤ができたら、親族を次々と呼び寄せていったのです。ニューヨークの韓国人は八百屋さんか果物屋さんが多かったです。

そして今は逆に、多くの日系ブラジル人たちが日本に来ています。最初は一時のつもりです。みんな本当は、住み慣れたところを離れたくない。いつか帰って来るという気持ちを抱いて、その町を出発します。しかしそれがやがて定住に変わってくるのです。最初は借家（賃貸）ですが、そのうちに、家を建て始める。あるいはマンションを買う。子どもが学校へ行き始めると、母国語で教育をするか、その移住先の言葉で教育をするか、迷います。できるだけ子どもたちが、二か国語を使えるように、ということを考えて教育をします。

それが移住の多くの場合のスタイルかと思いますが、この時もそうでした。ヨセフの場合は、それらとは比べ物にならない大成功によって始まるのですが、ヨセフのエジプトでの成功に導かれて、家族も移住することになるのです。

出発すべきか残るべきか。どちらが神のみ心かは、最終的には私たちにはわかりません。隠されています。確かなことは、どちらを取ろうとも、神は共にいてくださるということです。たとえ間違った道を取ったとしてもそうです。カーナビに似ているかもしれません。カーナビは目的地がセットされていれば、どんなに道を間違えても見捨てないで、新たな道を再検索して目的地へ導いてくれます。いやカーナビの場合は、時々変なことをしてくれますが、神様はもっと確かな形で目的地へ導いてくださいます。

ヤコブとヨセフの再会

さて、ヤコブの一家はエジプトへ移住してきました。

「一行はゴシェンの地に到着した。ヨセフは車を用意させると、父イスラエルに会いにゴシェンへやって来た。ヨセフは父を見るやいなや、父の首に抱きつき、その首にすがったまま、しばらく泣き続けた。イスラエルはヨセフに言った。『わたしはもう死んでもよい。お前がまだ生きていて、お前の顔を見ることができたのだから』」（四六・二八～三〇）。

感動的な親子の再会の場面です。二人とも感極まって、最初は言葉も出なかったのではないでしょうか。ヤコブは、「信じられない」という思いであったに違いありません。四七章九節によれば、この時、ヤコブは百三十歳ということです。ちょっと誇張があるように思いますが、「とにかく生きていてよかった。もういつ死んでもよい」という気持ちでありました。

この目で救いを見た

この言葉で思い起こすのが、先ほど読んでいただいたルカによる福音書二章のシメオンの言葉です。

シメオンというのは、救い主の誕生を待ち望んで過ごし、もうかなり年をとっていた人です。どうも祭司でも預言者でもなかったようです。名前はヤコブの息子のシメオンに由来しています。ルカはこう説明しています。

そのとき、エルサレムにシメオンという人がいた。この人は正しい人で信仰があつく、イスラエルの慰められるのを待ち望み、聖霊が彼にとどまっていた。そして、主が遣わすメシアに会うまでは決して死なない、とのお告げを聖霊から受けていた。

（ルカ二・二五～二六）

シメオンは幼子イエスを腕に抱き、神をたたえて、こう言うのです。

「主よ、今こそあなたは、お言葉どおり
この僕を安らかに去らせてくださいます。
わたしはこの目であなたの救いを見たからです。」

（ルカ二・二九～三〇）

これは不思議な言葉です。彼はまだ幼子イエスを見ただけです。その幼子がやがて成長し、救いのみ業をなすようになるわけですが、それはまだまだ先のことです。それにもかかわらず、シメオンはここで、すでに「救いを見た」と言うのです。これはシメオンの信仰の幻と言ってもよいでしょう。彼にとって「救い主を見る」ということは「救いを見る」ということと同じでありました。この幼子を見ながら、そこに神様がかかわっておられるならば、将来に何が起こるかということを、いわば〈透視〉することができたのです。彼の目の前にある現実は、まだ厳しい状態が続いていたに違いありません。しかし神様はこのイスラエルをお見捨てになっていない。その証拠として救い主をお遣わしになった。

こういうものの見方を、終末論的視点と言います。将来、歴史の終わり、終末のところから、今の私たちの現実を振り返り見るような視点です。私たちは普通、今という視点でしかものを見ることができないものですが、聖霊が注がれ、神様の約束を知っていることによって、もうひとつの視点が与えられる。

ヘブライ人への手紙一一章にこういう言葉があります

信仰とは、望んでいる事柄を確信し、見えない事実を確認することです。

（ヘブライ一一・一）

これが終末論的にものを見るということです。シメオンもまさにこの時、信仰の目でもって「望んでいる事柄を確信し、見えない事実を確認」して、「救いを見た」のでしょう。シメオンはさらにこう言いました。

「これは万民のために整えてくださった救いで、
異邦人を照らす啓示の光、
あなたの民イスラエルの誉れです。」

（ルカ二・三一〜三二）

「啓示の光」というのは、ただの光ではありません。神様から出ている光です。神様が私たちに向かって、ご自分のほうから顕された光です。これは先ほど申し上げた終末論的視点というのと関係があります。この啓示の光によって、私たちは自分の目の前にある現実を、違った仕方で見ることができるようになる。今までとは何も変わらないように思える現実を、神様の約束を知っている者として、将来の視点から振り返り見ることが許されるのです。神が共におられる。シメオンも、まさにこの「啓示の光」によって「救いを見た」のだということができるでしょう。

ヤコブもまた、将来を見た

ヤコブは、「もう死んでもよい。お前がまだ生きていて、お前の顔を見ることができたのだから」（四六・三〇）と言いました。これはどういう意味なのでしょうか。愛する息子ヨセフとの再会を果たせた感動を伝えているだけではありません。

それは「神様の約束は途絶えていなかった。それは今も続いている。ヨセフとの再会によって、そのことを確認できたから」ということではないでしょうか。神様の約束は続いている。そしてそれは自分を超えて、イスラエル民族の将来へと続いていく。その意味で、ヨセフとの再会の中に、シメオンと同じように、イスラエル民族の将来をビジョンとして見ることが許されたということなのです。

そのことは、四六章冒頭にあるベエル・シェバでの礼拝にも通じます（四六・三〜四）。あの時一人で聞いた約束を、今ヨセフとの再会によって確信し、それを終末論的幻として見たのではないでしょうか。

私たちも厳しい現実の中で、たじろぐことがあります。しかし将来の視点から、歴史の終わりから、いやそれほど遠くなくても、私たちの人生の終わりの視点から、今の現実を振り返り見る視点を与えられているのです。そしてそれをすでに得た者として、まだ実現していないのだけれどもビジョンによって得た者として、喜びの歌を歌うことができる。そこでこそ、私たちは、本当の元気を取り戻すことができるのです。空元気《から》ではない。この時、ヤコブが取り戻した元気というのも、ヤコブのそのような信仰に裏付けられたものであったと思います。私たちも、そうした思い、信仰を新たにし、それによって心をしっかりと定め、その上で心安んじて、元気を得て、主のご用のために働く者となりたいと思います。

（二〇一八年七月二九日）

12 統治

創世記四七章一～二六節
コリントの信徒への手紙一　七章二一～二三節

ファラオとヨセフの兄弟たち

創世記四七章は、ヨセフがエジプトのファラオと会見し、家族が到着したことを報告することから始まります。ヨセフは兄弟たちの中から五人を選んで連れて行きました。ファラオがヨセフの兄弟たちに対して、「お前たちの仕事は何か」（四七・三）と尋ねると、彼らは「あなたの僕であるわたしどもは、先祖代々、羊飼いでございます」、「わたしどもはこの国に寄留させていただきたいと思って、参りました」（四七・三～四）と答えました。ファラオは同行したヨセフに向かって、こう言います。

「父上と兄弟たちが、お前のところにやって来たのだ。エジプトの国のことはお前に任せてあるのだから、最も良い土地に父上と兄弟たちを住まわせるがよい。ゴシェンの地に住まわせるのもよかろう。もし、一族の中に有能な者がいるなら、わたしの家畜の監督をさせるがよい。」

（四七・五～六）

ヨセフのおかげで今のエジプトがある、という思いが込められています。「ヨセフ、すべてお前に任せる。よきにはからえ」という感じです。

ファラオを祝福するヤコブ

ヨセフは、その後、父ヤコブをファラオと会見させます。この会見は、ほんの短い時間であったと思われますが、多くのことを物語っています。

ヤコブは、かつて伯父ラバンのもとを去ったときは多くのものを持っていましたが、今はほとんど何も持っていません。飢えをしのぎ、生き延びるために、ヨセフを頼ってエジプトへやってきました。

それに対してファラオはこの世の繁栄を手にしています。食糧を持ち、土地を持ち、財産を持っています。そして今、ヤコブに食糧と土地と財産を与える立場にあります。

しかしすべてを持っているそのファラオに対して、何も持たないヤコブが祝福を与えるのです（四七・七）。また「ヤコブは、別れの挨拶をして、ファラオの前から退出した」（四七・一〇）とありますが、この別れの挨拶というのも、実は「祝福がありますように」という言葉です。「こんにちは」「さようなら」という程度のものといえるかもしれません。しかし、私たちは知っています。このヤコブこそはアブラハム以来の祝福の継承者であることを。

神は、アブラハムの旅の初めに、こう語られました。

「わたしはあなたを大いなる国民にし
あなたを祝福し、あなたの名を高める
祝福の源となるように。
あなたを祝福する人をわたしは祝福し
あなたを呪う者をわたしは呪う。
地上の氏族はすべて
あなたによって祝福に入る。」

（一二・二～三）

この祝福を与える約束は、イサクに引き継がれ、今はヤコブがそれを担っています。そしてその祝福をファラオに与えようとしているのです。

ファラオは、ヤコブを見て、その表情や姿から、この人はただならぬ年齢だと思ったのでしょう。「何歳におなりですか」と尋ねました。年齢を聞いて、「へえ、そんなお歳には見えません。せいぜい八十歳くらいでしょうか」とでも答えるつもりであったかもしれません。百三十歳と聞いてびっくりしたことでしょう。しかしヤコブは、そういう会話から離れてこう言います。

「わたしの旅路の年月《としつき》は百三十年です。わたしの生涯の年月は短く、苦しみ多く、わたしの先祖たちの生涯や旅路の年月には及びません」（四七・九）。

アブラハムは百七十五歳まで生き（二五・七）、イサクは百八十歳まで生きました（三五・二八）。ヤコブは、この後さらに十七年生き、百四十七歳で死んだということですから（四七・二八）、アブラハムやイサクよりは短命であったということになります。

この世のものと神の国

ヤコブはここで自分の人生を「旅路」と表現しています。それは、この世では寄留者にすぎないということを示しているのでしょう。「苦しみ多く」というのは、最愛の妻ラケルに先立たれたことや、何よりもヨセフを人生から奪い去られたことを思い起こしたのでしょう。しかし彼は、自分の人生は不幸であったと振り返るのではありません。多難ではあったけれども、祝福された人生であったと思い起こし、そして今、ファラオに祝福を与える者として、その前に立っています。ファラオはこの世のもの、食糧や土地をヤコブに与え、ヤコブは祝福をファラオに与えるのです。

ヤコブは、自分がこの世のものを、目の前にいるファラオから受け取ることを知っています。しかし自分がそれを超えた権威と約束のもとにあることも知っています。ですから卑屈にならず、堂々としています。

この時のヨセフはどういう思いであったでしょうか。今、目の前で自分の人生に最も大きな影響を与えた二人が出会っているのです。ヤコブがいなければ、ヨセフはいなかったでしょう。単に父親というだけではありません。ヤコブにとってヨセフが大切な存在であったと同時に、ヨセフにとってもそうでありました。もしかすると、父ヤコブに会うことを夢見て生きてきたかもしれません。他方、ファラオがいなければ、ヨセフの今の地位はありませんでした。

この出会いは、ただ感無量であったということに留まりません。ヨセフは、ファラオからこの世の財産を受け取り、ヤコブから祝福の約束（神の国）を受け取ろうとしています（四九・二二～二六参照）。その二つ、この世の力と神の国の約束が、ここで出合っているのです。それは「皇帝のものは皇帝に、神のものは神に」（マタイ二二・二一）ということにつながります。

このことは、クリスチャンの生き方にも通じるものです。私たちは、クリスチャンとして、この約束の系譜に連なっています。同じように私たちは、この世に生きる限り、さまざまなものをこの世に負っています。この世から受け取っています。食糧、財産、仕事。しかしそれらを超えた権威のもと、それらを超えた約束のもとに生きているがゆえに、この世で力あるものの前で卑屈にならず、時にそれに感謝しつつも、絶対化することなく生きることができるのです。

ファラオの奴隷になります

四七章一三節以降には「ヨセフの政策」というタイトルの物語があります。これは、ヨセフとヤコブの物語を中断するような、少し異質な感じがする話です。この挿入的な物語は、エジプトにおける飢饉、ヤコブ一家のふるさとであるカナン地方の飢饉はさらに長く続いたということを示しているのでしょう。その飢饉の間に、エジプトの人々は、さらに何度もヨセフのもとに行き、食糧を分けてくれるよう懇願しました。その都度、彼らは金銀を出し、家畜を提供し、最後にはいわば身売りをするのです。

「御主君には、何もかも隠さずに申し上げます。銀はすっかりなくなり、家畜の群れも御主君のものとなって、御覧のように残っているのは、わたしどもの体と農地だけです。どうしてあなたさまの前で、わたしどもと農地が滅んでしまってよいでしょうか。食糧と引き換えに、わたしどもと土地を買い上げてください。わたしどもは農地とともに、ファラオの奴隷になります。」
（四七・一八〜一九）

そしてヨセフはその言葉を受け入れ、その通りにするのです。

ヨセフはキリストの予型

私はここから、キリスト教信仰にかかわる二つのことを述べたいと思います。

一つ目は、ここでのヨセフの位置です。ヨセフは、ファラオに代わって、ファラオの全権委任を受けて、兄弟たちの上に立ち、民衆の上に立っています。これは、天の神に代わって、その全権委任を受けて、私たちの前に現れたイエス・キリストの予型といえようかと思います。ファラオがヨセフを全面信頼して、すべてを任せたように、天の神はすべてをイエス・キリストに委ねられました。イエス・キリストは、天の父と人間の間に立つ方です。ヨハネ福音書一四章一〇〜一一節を見ますと、イエス・キリストと天の父とが一体であることが記されています。

ちなみに旧約聖書のもう少し後の時代には、そういう職務、神と人の間に立つ職務は三つあるとされました。王、祭司、預言者です。王は神に代わってこの地上を支配する存在です。祭司は、人間の代表として、神様に執り成しをする存在です。ベクトルでいうと下から上です。預言者は逆に、神様の言葉を、人間に取り次ぐ存在です。ベクトルは上から下です。キリスト教では、イエス・キリストはその三職を、兼ね備えているとします。「キリストの三職」と呼ばれます。

二つ目は奴隷となる、ということです。

パウロは、「あなたがたは、代価を払って買い取られたのです」（第一コリント六・二〇）と言いました。ヨセフが民を買い取ったように、イエス・キリストは私たちを買い取られました。キリスト教の教義では「贖い」ということを言いますが、これは元来、買い取るという意味です（ただしイエス・キリストの場合には、ヨセフと違って、買い取る代価がご自分の命でありました）。

そのことを逆にいえば、私たちの生（ライフ、命、生活、人生）はイエス・キリストによって買い取られたものであるということです。そこにこそ、クリスチャンの本来的な生き方があります。パウロも、先ほどの「あなたがたは、代価を払って買い取られたのです」という言葉に続けて、「だから、自分の体で神の栄光を現しなさい」（第一コリント六・二〇）と言うのです。

「奴隷の生涯」

黒崎幸吉という無教会のリーダーがいました。内村鑑三の高名な弟子の一人です。彼は、三十五歳の時、一流の商社をやめて、伝道者の道を進みましたが、その際に「奴隷の生涯」という文章を書きました。恐らく黒崎は、宗教改革者ルターの「奴隷意志論」を念頭においていたのでしょう。ルターは、エラスムスの「自由意志論」に対して、「奴隷意志論」を書き、「キリスト者はイエス・キリストの奴隷であり、そこにこそ逆に自由がある」と言いました。黒崎はこう述べます。

「イエス・キリストを信ずる者は皆その奴隷であります。近代的キリスト教の中には信者がキリストの奴隷となることを好まず、神を自分の奴隷となし、自分の都合よきように神を使役せんとする信者もあります。しかしながら、これは真のキリスト者ではない、真のキリスト者は実にイエスの奴隷であるのであります。

新約聖書の中にパウロ、ペテロ、ヨハネ、ヤコブ、ユダ等、キリストの主《おも》なる使徒たちが信者に送った書簡が掲げられております。その冒頭の自分の名の次に、『イエス・キリストの僕《しもべ》』という句をもって、自分の地位を明らかにしております（ロマ一・一、ヤコブ一・一、ペテロ後一・一、ユダ一節、黙示録一・一）。これ僕という字の原語はドゥーロス（筆者注＝原書はギリシア文字、以下同）という字で、英訳の聖書には servant と訳しております。けれども実は slave または bondman と訳すべき字でありまして、この語は主人の財産であり、かつ強制的に労務に従事せしめらるる奴隷のことを意味しております。……普通の僕《しもべ》 servant は義務として労働を提供し、これに対する報酬として賃金を取得するの権利があるのですけれども、ドゥーロスの場合は一定の代価をもって主人から買いとられたるもので、主人の命《めい》に絶対に服従するの義務のみを負いこれに対して報酬を受くるの権利なく、主人より受くる衣食は権利として受くるのではなく全く恩恵としていただくのであり、これを受けずとも一言の不平を言うことができないのであります。かくのごとくパウロ、ペテロを始めすべてのキリスト者は、イエス・キリストに対しこの奴隷的地位に立っているのであります」(『黒崎幸吉著作集6巻』三二八〜三二九頁)。

そういうふうに始めて、キリスト者になる前の人間は、自分を自由だと思っているかもしれないけれども、それは知らず知らずのうちに実はサタンの奴隷になっているのだと語ります。「サタンの」という言葉の代わりに、「偶像の」と言ってもよいかもしれません。何かしら別のものにとらわれている。そういうところから、イエス・キリストが買い取ってくださった。私たちは、だから今、イエス・キリストの奴隷として生きているのだということを積極的な意味で語り、黒崎は伝道者になりました。

黒崎が「クリスチャンたる者、キリストの奴隷である」という強い言葉を用いて言おうとしたことと、ヨセフがここで人々の前で行ったこと、彼らをファラオのものとして「買い取る」ということには通じるものがあります。そこで不安、絶望、死から解放され、平安を得るのです。

養われた

旧約学者の左近淑は、食糧を与えたという言葉は「養った」ということを意味しており、そこにこそこの物語の意義がある、ファラオは責任をもって彼らを養ったのだ、と述べています。ファラオの場合はともかく、少なくとも私たちと神様との関係、キリストとの関係でいえば、そのもとで私たちは養われ、まことの自由を得るのです。そこでこそ、本来的な人間として、神様に創られた者として生きる道が示されているのではないでしょうか。

（二〇一八年九月九日）

13 旅路

創世記四七章二七節〜四八章二二節
マタイによる福音書二〇章一五〜一六節

ヤコブの自分の埋葬準備

「ヤコブは、エジプトの国で十七年生きた。ヤコブの生涯は百四十七年であった」（四七・二八）。この言葉は過去形で書かれていますが、ヤコブはこの時、まだ生きています。これから自分が世を去る準備に入るのです。ヤコブという名前は生まれたときに与えられたものですが、その後ペヌエルというところで「神（の使い）」と格闘をしたときに、イスラエルという新しい名前をもらいました。

ヤコブは、息子ヨセフを呼び寄せて、自分が死んだときには、この地に葬らず、エジプトから運び出して、先祖たちの墓に葬るように頼みます。その墓とは、かつてヤコブの祖父であったアブラハムが妻サラを埋葬するために、マクペラの土地を買い取って作った墓でした（二三章）。

ヤコブはヨセフにこう言いました。「もし、お前がわたしの願いを聞いてくれるなら、お前の手をわたしの腿の間に入れ、わたしのために慈しみとまことをもって実行すると、誓ってほしい」（四七・二九）。「ヨセフが、『必ず、おっしゃるとおりにいたします』と答えると、『では、誓ってくれ』と言ったので、ヨセフは誓った。イスラエルは、寝台の枕もとで感謝を表した」（四七・三〇～三一）。

「感謝を表した」というのは、直訳すると、「イスラエルは彼にひれ伏した」という言葉です。これは、かつてヨセフが少年時代に見た夢（三七章）の実現を表しています。「わたしはまた夢を見ました。太陽と月と十一の星がわたしにひれ伏しているのです」（三七・九）。兄たちは、食糧を求めてエジプトへやって来たときにヨセフの前にひれ伏しましたが、この時父ヤコブがひれ伏すことで、かつての夢がすべて実現したと言おうとしているのでしょう。

イスラエルは最初から混血民族

ヨセフは、エジプトの女性アセナトと、いわば国際結婚をし、二人の息子が与えられていました。ヨセフは、この二人に、マナセ（忘れさせる）、エフライム（増やす）と名付けました。この二つの名前は、ヨセフの過去と将来を示しています。神はヨセフにつらかった過去を忘れさせ、今繁栄に満ちた確かな将来を約束してくださったのです。この二人は聖書の神の民の物語の本流、十二部族の二つを形成していくようになるのです。

旧約聖書を読んでいくと、混血を嫌い、神の民の純血を保つことを大事にするかのように見える箇所（申命記二三・三〜四等）が時々出てきます。しかし、最初の段階からすでに、イスラエル十二部族の中にエジプト人との間に生まれた子が取り込まれているのは興味深いことです。そしてその混血の子どもたちがヤコブ（イスラエル）から祝福を受けている（四八・九〜二〇参照）というのは、逆に私には聖書の広がりを示しているように思えます。一方で、狭い排他的な歩みをしようとしても、他方でそれが最初からほころびている。でもそのほうが、イスラエルの神でありつつ、全人類の神としてふさわしいのではないかと、私は思います。そこには、聖書の傍流に見える人たちも決して見捨てられてはいないし、異なった人たち、他宗教の人たちとも共に生きていく、そういう形が、このマナセとエフライムを祝福するということの中に、示されているのではないでしょうか。

マナセとエフライムの祝福

さてイスラエル、すなわちヤコブは、「力を奮い起こして」（四八・二）床の上に起き上がります。ヤコブは、かつて兄エサウから逃れて家を飛び出して、道中野宿をしていたときに見た夢、そして夢の中で語られた神の約束を思い起こしていました。

「あなたの子孫を繁栄させ、数を増やし／あなたを諸国民の群れとしよう。
この土地をあなたに続く子孫に／永遠の所有地として与えよう。」（四八・四）

そしてヨセフに向かって、二人の息子、すなわち長男マナセと次男エフライムを連れて来るように言います。この二人はヤコブの孫ですが、自分の子どもと同じ扱いにしたいと言います。これが先ほど述べたように、後にイスラエルを構成する十二部族の中に、エフライムとマナセが他のヤコブの息子たちと共に数えられる由縁となります。

ヨセフは、息子マナセとエフライムを父ヤコブと対面させます。ヤコブは、老齢のために、すでに目がかすんで、よく見えなくなっていました。それで実際に手で触れて確認したいと思ったのでしょう。二人を近くに引き寄せ、口づけをし、抱き締めました。ヤコブはそのようにして自分が祝福されたものであることを実感するのです。そしてこう言いました。「お前の顔さえ見ることができようとは思わなかったのに、なんと、神はお前の子供たちをも見させてくださった」（四八・一一）。これも感謝の言葉です。

左右逆転

その後、ヨセフは二人の息子を祝福してもらうために、ヤコブの前に立たせました。エフライム、すなわち次男を自分の右手で差し出し、すなわち対面するヤコブの左手が彼の上に来るようにしました。そして長男マナセを左手で差し出しました。ヤコブが右手で祝福してくれるように考えて、わざわざそうしたのです。ところがどうでしょう。ヤコブは何を思ったか、自分の手を交差させて、ヨセフの思惑とは別の手を置いて祝福するのです。それがヤコブにとって意図的であったかどうかは書かれていません。ただそうしたというだけです。

ヨセフはあせりました。しかし祝福の儀式は始まってしまいました。祝福の言葉はすでに告げられています。それでもヨセフはなんとかその流れを止めてまで、それを逆転させようとするのです。

ヨセフは、父が右手をエフライムの頭の上に置いているのを見て、不満に思い、父の手を取ってエフライムの頭からマナセの頭へ移そうとした。ヨセフは父に言った。「父上、そうではありません。これが長男ですから、右手をこれの頭の上に置いてください。」

（四八・一七〜一八）

ヨセフは、父ヤコブが年をとって、わからなくなってしまったと思ったのでしょう。彼にとって、それは致命的な間違いに思え、何とか修正しなければならないと思いました。実際に年をとったためなのかどうかは不明のまま物語は進行します。

ちなみにイスラエルでは、右手は攻撃用の武器を持つ手、左手は防御用の武器を持つ手、とされていました。

ある注解者は、ここを指して、「牧師が二人の洗礼式のときに、名前を逆に間違えるようなものだ」と述べていました。「先生違います。こっちが松本さんで、こっちが山本さんです。」

しかしヤコブは平然とこう言うのです。

「いや、分かっている。わたしの子よ、わたしには分かっている。この子も一つの民となり、大きくなるであろう。しかし、弟の方が彼よりも大きくなり、その子孫は国々に満ちるものとなる。」（四八・一九）

さてこの言葉をどう読むか。ヤコブは自分が次男であるので、次男びいきにしたというふうにも読めます。しかしそうでないかもしれません。私はむしろヤコブがそれと知らずに手を交差させたところ、ヨセフのさえぎりによって、神様の意図を、はっと瞬間的に悟ったのではないかというふうに思うのです。「自分の意志を超えたところで、神が介入しておられる！」

神の自由な選び

神様はこれまでも、必ずしも人の目には当然祝福を受ける権利があると思われるほうを祝福してきたわけではありません。創世記四章のカインとアベルの物語からしてすでにそうでした。長男カインの献げ物よりも次男アベルの献げ物を顧みられました。なぜそうなったのかわからない。エサウとヤコブの時は、人（リベカとヤコブ）のずる賢さがそれを導き、その思惑通りになったと見ることもできます（二七・一～四〇）。しかし父イサクの目をごまかすことはできても、神様がそれを知らなかったはずはありません。ということは、神様はそれと知りながら、イサクがヤコブを祝福するようにさせたということではないでしょうか。そのレベルまで深く考えてみますと、なぜ神がそうなさるのかは、私たち人間にはわかりません。ただ神は人間と違う価値観をもち、人間の順序とは違う順序をもって行動なさる、神には選びの自由があるということです。

それはヨセフが手を置き換えても変更できない神の自由な選びです。カインとアベルの時には、カインは怒ってアベルを殺してしまいました。エサウとヤコブの場合にはエサウが抗議をしました。ここではヨセフが抗議をしますが、変更できない。ヤコブも変更できないことを悟っています。

今日は、ぶどう園で働いた労働者に主人が賃金を払った物語の結論の最後を読んでいただきました。朝から働いた人も、夕方一時間だけ働いた人も同じ一デナリオンの賃金であった。しかも夕方の人から先に支払ってやりました。朝からいた人は不平を言いました。どうして同じなのですか。あなたはこの人たちと私たちを同じ扱いにされるのですか。しかも順番が逆ではないですか。この時の、ヨセフの不平と似ています。しかし主人はこう言うのです。

「『自分のものを自分のしたいようにしては、いけないか。それとも、わたしの気前のよさをねたむのか。』このように、後にいる者が先になり、先にいる者が後になる。」

（マタイ二〇・一五～一六）

これが神の主権、神の自由さであります。

旧約の中の三位一体的な神

それでは、ヤコブの祝福の言葉（四八・一五～一六）を見てみましょう。

この祝福は、神様のことを、三種類の言い方で呼んでいます。そしてそこに、大事な動詞が三つ出てきます。「（共に）歩む」「導く」「贖う」という言葉です。ここにはヤコブの信仰がよく表れています。

一つ目は「わたしの先祖アブラハムとイサクがその御前に歩んだ神よ」です。何よりも神様は「共に歩んでくださる」方です。この場合は、先祖たちがその神と共に歩むのですが、それは逆にいえば、神が共に歩まれることでもあります。

二つ目は「わたしの生涯を今日まで導かれた牧者なる神よ」です。その方は共に歩んでくださると同時に、生涯を「導く方」です。ヤコブはこの時、自分の長い生涯を振り返り、そこに神の導きがあったことを思い起こしています。その方を「牧者」とも呼んでおられることも印象的です。それは「養われる方」という意味でもあります。ヤコブは不思議に自分の生涯を導いてくださった方は、同時に自分を養ってくださった方であることも心得ています。

そして三つ目は、「わたしをあらゆる苦しみから贖われた御使いよ」です。その方は私たちを「贖う方」でもあります。贖うとは、自分のものとする。買い取るということです。その神が「御使い」と言い直されているのも意義深いことです。それは新約聖書的な言葉でいえば、「聖霊」といえるかもしれません。

そこから全体を見るならば「牧者なる神」は「イエス・キリスト」のイメージと重なってきます。そうだとすれば、最初の「共に歩む神」を含めて、これは新約聖書の三位一体の神をほうふつとさせる言葉であるように思いました。

「どうか、この子供たちの上に、祝福をお与えください。」祝福を祈る。ですからこれは旧約聖書ではありますが、三位一体の祝禱といえるのではないでしょうか。

マーガレット・パワーズ作「あしあと」

私たちは、そこに自分の人生を重ね合わせることができるでしょう。

私は今年、還暦を迎えました。還暦というのは、今日では人生の一つの通過点のようですが、自分を振り返るにはふさわしい時でしょう。私は、自分の人生を振り返って、これまで不思議な形で、神が私を導いてくださったことを、感慨深く思い起こします。神様のことを身近に感じるときも、必ずしもそうではなかったときも、神様のほうでは、実はいつも共にいてくださいました。

「あしあと」という有名な詩があります。かつては作者不詳とされていましたが、今ではマーガレット・パワーズという人の詩だということがわかりました。

詩人は、自分の人生を振り返り、それがなぎさに映し出されているのを見ます。どの光景にも、砂の上に二つのあしあとがありました。わたしのあしあとと主のあしあとです。ところが、人生でいちばんつらく、悲しいとき、そのあしあとは一つしかありませんでした。詩人は尋ねました。

「いちばんあなたを必要としたときに、
あなたが、なぜ、わたしを捨てられたのか、
わたしにはわかりません。」

それに対して、主はこう答えられました。

「わたしの大切な子よ。わたしは、あなたを愛している。
あなたを決して捨てたりはしない。
ましてや、苦しみや試みの時に。
あしあとがひとつだったとき、
わたしはあなたを背負って歩いていた。」

（M・F・パワーズ『あしあと』七三頁）

ヤコブがこの時、自分の人生を振り返って感じたようなことを私も感じます。神は、すべての人の人生の旅路を共に歩み、導き、養い、贖っておられるのだということを信じて歩んでいきましょう。

（二〇一八年一一月一一日）

14　希　望

創世記四九章一～二八節
マタイによる福音書二六章一七～二〇節

部族の詞《ことば》

今日は、新約聖書はマタイ福音書の最後の晩餐の準備の部分を読んでいただきました。この一見関係のないように見える二つのテキストは、深いところでつながっています。マタイ福音書のほうのテキストの終わりに、こういう言葉があります。

夕方になると、イエスは十二人と一緒に食事の席に着かれた。（マタイ二六・二〇）

十二という弟子の数は、完全数を表しています。イスカリオテのユダをも含めた十二人全員が一人も欠けることなく、この場に連なっていることが重要です。十二人という弟子の数は、実は旧約聖書のイスラエル十二部族にちなんだものであります。そしてそのイスラエル十二部族について、旧約聖書において最初に言及されているのが、今日の創世記四九章なのです。

創世記四九章の冒頭には、「ヤコブの祝福」という題が掲げられています。イスラエルという言葉（名前）は、ヤコブが神様からもらった、新しい名前だということは、これまで何度か申し上げました。そのヤコブ、すなわちイスラエルと呼ばれたこの人から、このイスラエル十二部族は始まり、広がっていくのです。

この時、死を目前に控えたヤコブのまわりを十二人の子どもたちが取り囲んでいます。その情景は、十字架による死を翌日に控えたイエス・キリストのまわりを十二人の弟子たちが取り囲んでいる情景の予表、でもあります。

創世記四九章は、もともとヨセフ物語にはなかった独立した文書ともいわれます。やがてそれがどういう部族になるかということを、「部族の詞」という形で入れて、十二人の息子に対するヤコブの祝福という大きな枠組みの中に置かれたのだということです。それは、後代の出来事と関連付けられているともいわれます。つまりルベン族はどういう部族となるのか。ユダ族はどういう部族となるのかということが書かれている。もっとはっきり言ってしまえば、ずっと後に、創世記がまとめられた時代の状況を反映しながら、それをさかのぼって、ヤコブの口を通して語られたようにして挿入されたのでしょう。

確かに、この部分は、ヨセフ物語を中断するようで、他の箇所とちぐはぐで矛盾するように見えるところもあります。例えば、直前の四八章では、ヨセフの二人の息子（ヤコブの孫）マナセとエフライムが祝福されているのに、四九章では、そのことが全くなかったかのように、もとへ戻ってヨセフが祝福されています。あの四八章は何だったのかということになりかねない。しかしそういうことを踏まえながら、この四九章に向き合いたいと思います。

短い記述の七人

ヤコブは息子たちを呼び寄せて言った。
「集まりなさい。わたしは後の日にお前たちに起こることを語っておきたい。
ヤコブの息子たちよ、集まって耳を傾けよ。お前たちの父イスラエルに耳を傾けよ。」
（四九・一〜二）

この部族の詞を見て、まず気付くのは、この十二人についての記述は必ずしも同じ割合で書かれてはいないということです。ほんの数節、あるいは一節だけの人と、詳しい人がいます。

ほんの数行しか触れられていない人を先に挙げてみますと、まず一三節のゼブルン、一四〜一五節のイサカル、一六〜一七節のダン、一九節のガド、二〇節のアシェル、二一節のナフタリです。そして意外なことに二七節のベニヤミンもそうです。合計七人。そしてここに記されているのは、簡潔にその部族の後の特徴のようなこと、そしてある種の金言（ことわざ）のような言葉です。その民族が後にどうなるか、別の部分を参照しながらお話しすることもできますが、煩雑になりますので、やめておきましょう。

ルベン

残りの五人は、もう少し詳しいことが述べられています。それは、三〜四節のルベン、五〜七節のシメオンとレビ、また八〜一二節のユダ、そして二二〜二六節のヨセフであります。まず長男ルベンです。

「ルベンよ、お前はわたしの長子
わたしの勢い、命の力の初穂。
気位が高く、力も強い。
お前は水のように奔放で
長子の誉れを失う。
お前は父の寝台に上った。
あのとき、わたしの寝台に上り
それを汚した。」
（四九・三〜四）

最後の記述は、次の創世記三五章二二節の出来事を指しています。「イスラエルがそこに滞在していたとき、ルベンは父の側女ビルハのところへ入って寝た。このことはイスラエルの耳にも入った。」本来、ルベンが受けるべき長子の権利は、その自由奔放さにより失われ、ユダに委ねられることになったということを暗示しているのでしょう。「ルベンが父の寝台に上った」というのは性的衝動のことを指しているともとれますが、むしろそれにより父の権威を奪おうとしたということが大きな意味をもっていると思われます。

シメオンとレビ

「シメオンとレビは似た兄弟。
彼らの剣は暴力の道具。
わたしの魂よ、彼らの謀議に加わるな。
わたしの心よ、彼らの仲間に連なるな。
彼らは怒りのままに人を殺し
思うがままに雄牛の足の筋を切った。
呪われよ、彼らの怒りは激しく
憤りは甚だしいゆえに。
わたしは彼らをヤコブの間に分け
イスラエルの間に散らす。」
（四九・五～七）

シメオンとレビに対しては、祝福とは言い難いような言葉ですが、この言葉の背景にあるのは、創世記三四章に記されていたシケムでの虐殺事件です。シメオンとレビと同じ母親から生まれた妹のディナが、現地の人シケム（町の名と同じ名前）に、いわばレイプされてしまいます。そのシケムはその後態度を改めて、正式に結婚を申し込んできます。しかしシメオンとレビはそれを許さず、憤り、彼らを下劣な方法でだまし、殺してしまいました。一見和平を受け入れたように見せかけて、「あなたたちが、私たちと同じように割礼を受けるなら、その結婚を認めよう」と提案をするのです。シケムの人たちはその提案を受け入れるのですが、実はそれはわなでした。彼らが割礼を受けて、まだ傷が回復しない間に、シメオンとレビはシケムだけではなく、一族の男たちを皆殺しにしてしまうのです。その場ではその罪は問われず、すっと流れていくのですが、決してそれは許されることではなかった、その罪がここで問われている、そのことのゆえに散らされるのだと、語られているのです。

ユダ

八〜一二節はユダです。ユダについては長い言及があります。とても大きな祝福を受けています。前半の八〜九節は他と同じ「部族の詞」の部分ですが、一〇〜一二節では将来への約束が書かれています。

ユダは、「兄弟たちにたたえられる」（四九・八）とありますが、「たたえる」（ヤーダー）とユダが語呂合わせ（言葉遊び）になっています。この詞が書かれた、ずっと後の時代には、すでにユダ族は他の部族よりも卓越した位置を占めていました。

一一節に、「彼はろばをぶどうの木に、雌ろばの子を良いぶどうの木につなぐ」とありますが、「ろば」は王の乗り物（ゼカリヤ九・九）につながっていくこと、そしてそれはイエス・キリストのエルサレム入城の乗り物につながっていくことを、はるかに指示しているように思います。

また「彼は自分の衣をぶどう酒で／着物をぶどうの汁で洗う。彼の目はぶどう酒によって輝き／歯は乳によって白くなる」（四九・一一〜一二）というのは、神の祝福を象徴し、この部族から、やがて理想の王と呼ばれることになるダビデが登場することを指し示しているようです。さらにいえば、それは、ダビデの子孫としてユダ族から生まれるイエス・キリストをも指し示しています。ヨハネの黙示録では、イエス・キリストが、「ユダ族から出た獅子、ダビデのひこばえ」と呼ばれることになります（黙示録五・五）。

しかしユダのこれまでの行動を見れば、それは決して称賛されるようなものとはいえません。若いヨセフを兄たちみんなで殺そうとしたとき、確かにユダは止めようとしましたが、売り渡せばよいと提案したのはユダでした。

また三八章に記されているタマルの物語ではもっとひどいことをしています。長男の嫁であるタマルと、娼婦と勘違いして交わり、タマルが妊娠したことを知ると、それを厳しく罰しようとしました。

しかしユダは罪を犯したのち、それを謙虚に認め、悔い改める者でもありました。タマルの事件においてもそうでした。また弟ヨセフを売り渡したことでは、ずっと心に咎めを感じていて、末弟ベニヤミンがエジプトで罪を犯したように見えたときには、自分たちはその時の罰を受けているのだと受け止め、自分の身を挺して、ベニヤミンを助けてやってほしいと乞いました。そのユダが大きく祝福を受けているのです。

ヨセフ

ヨセフに対する祝福は、ユダに対する祝福よりも、さらに大きな祝福です（四九・二二〜二六）。「ヨセフは実を結ぶ若木／泉のほとりの実を結ぶ若木」（二二節）と始まり、最後の二五〜二六節では、「祝福」という言葉が、何度も何度も出てきます。

「どうか、あなたの父の神があなたを助け

全能者によってあなたは祝福を受けるように。
上は天の祝福
下は横たわる淵の祝福
乳房と母の胎の祝福をもって。
あなたの父の祝福は
永遠の山の祝福にまさり
永久の丘の賜物にまさる。
これらの祝福がヨセフの頭の上にあり
兄弟たちから選ばれた者の頭にあるように。」（四九・二五～二六）

やがてヨセフの息子たち、マナセ、エフライムがヨセフを継ぐ者となりますが、エフライムはイスラエルの呼び換えのようにさえなっていきます（ホセア一一・八など）。

救いを待ち望む

さて四九章一八節に「主よ、わたしはあなたの救いを待ち望む」という不思議な言葉が挿入されています。これはそのまま読むと、直前のダンという部族の救いについて語っているようですが、そうでもなさそうです。この言葉は、後代の付加だといわれますが、そうだとしても、私には、この言葉が全体を意味付けているように思えます。この時の情景そのものが、神様の救いを待ち望んでいる姿だということです。

そしてその情景は、やがてイエス・キリストによって引き継がれ、最後の晩餐においても、十二弟子が新しいイスラエルとして、イエス・キリストから祝福を受けることへとつながります。

私は、最後の晩餐について語るときにいつも触れることですが、後に裏切ることになるイスカリオテのユダも、弟子の輪の中に加えられていることは、とても大きな意味があると思います。イスカリオテのユダも、そこから洩れてはいない。「人の子を裏切るその者は不幸だ。生まれなかった方が、その者のためによかった」（マタイ二六・二四）というのは、呪いの言葉のようにさえ聞こえますが、それでも排除はされていない。それはイエス・キリストの嘆きの言葉です。彼も同じ祝福を受けているということに意義があります。そのイスカリオテのユダのためにも主イエスは十字架にかかり、彼のためにも死なれた。また十字架上で「父よ、彼らをお赦しください。自分が何をしているのか知らないのです」（ルカ二三・三四）と祈られたその祈りには、イスカリオテのユダも含まれています。

そのイエス・キリストの祝福と同じように、このヤコブの祝福の前にも十二人の兄弟が皆顔をそろえて集まっています。レビやシメオンに対しては「呪われよ」とさえ言われるのですが、全体として祝福と位置付けられています。二八節には、「これは彼らの父が語り、祝福した言葉である。父は彼らを、おのおのにふさわしい祝福をもって祝福したのである」とあります。この祝福の輪の中に、厳しく非難されたルベンも、「呪われよ」と言われたシメオンとレビも加えられていることは、イエス・キリストの最後の晩餐の場に、イスカリオテのユダも加えられていることに通じるでしょう。どんなにひどいことをしたとしても、そして一見、呪いの言葉をかけられたように見えたとしても、祝福の輪の中から洩れていない。それは同時に、アブラハム以来継承されてきた神の祝福です。

だからこそ、この情景はやがて来るイエス・キリストの最後の晩餐を指し示していると思うのです。だからこそ、希望がある。だからこそ、この言葉の中に私たちは希望を見ることができるのではないでしょうか。


（二〇一九年一月二〇日）

15 平安

創世記四九章二九節～五〇章一四節
ローマの信徒への手紙一一章二五～三六節

ヤコブの埋葬

私の就任以来、少しずつ読み進めてきた創世記も、本日でいよいよ最終回です。

ヨセフは父の顔に伏して泣き、口づけした。ヨセフは自分の侍医たちに、父のなきがらに薬を塗り、防腐処置をするように命じたので、医者はイスラエルにその処置をした。そのために四十日を費やした。この処置をするにはそれだけの日数が必要であった。エジプト人は七十日の間喪に服した。（五〇・一～三）

防腐処置というのは、遺体をミイラ化させるエジプトの技術です。非常に大がかりなことで、とても庶民にできることではありませんでした。当時、エジプトではファラオが死んだときに、七十二日間喪に服したそうですから、それにわずか二日間だけ少なく喪に服したというのです。これはヨセフのエジプトでの地位の高さを示すものです。エジプトの国とファラオの、ヨセフに対する恩義がそういう形で具現化したといえるでしょう。

喪が明けると、ヨセフは、父の葬りのために故郷のカナンの地へ行かせてくれるように願い出、ファラオは許可を与えました。その葬列はとても荘厳で盛大なものでありました（五〇・七～九）。一行はヨルダン川の東側ゴレン・アタドに着き、そこで七日間に及ぶ盛大な葬儀を行いました。それを見たカナンの人々は、「エジプト流の盛大な追悼の儀式」だと言い、それ以降、その言葉「アベル・ミツライム」が町の名前になったとのことです。ヤコブの息子たちは、父に命じられた通り、そのなきがらをカナンの土地のマクペラの畑の洞穴に葬りました。それは、アブラハムがかつて買い取った墓所でありました（二三章参照）。

ヤコブは、総じて恵まれた人生を送ったといえますが、彼は彼なりに、苦労と悲しみを経験していました。しかしそれらもすべて神の計画のうちにありました。神がヤコブに対して与えた約束が無効になることはなく、その祝福の約束は、息子たち、孫たちへと引き継がれていきました。そしてついに息を引き取るのです。ヨセフはできる限りのことを父の葬儀と埋葬のために行いました。

この世的栄光と神の約束

ヤコブの埋葬には、この世的な栄光に属することと神の約束に属すること、この二つが同居しています。それは現代の葬儀にも通じるものです。葬儀を執り行うヨセフは、エジプトに属する者であり、同時に神の約束の系譜に連なる者であります。その葬儀によってカナンの人々はエジプトの威力を思ったことでしょう。そこには、ヨセフの父に対する思いもありました。それはそれでよいこと、意味のあることです。

この五〇章の終わりに、ヨセフの死とヨセフの葬儀のことが記されています。

ヨセフはこうして、百十歳で死んだ。人々はエジプトで彼のなきがらに薬を塗り、防腐処置をして、ひつぎに納めた。（五〇・二六）

ヨセフが亡くなるとき、ヨセフは兄弟たちに「わたしは間もなく死にます。しかし、神は必ずあなたたちを顧みてくださり、この国からアブラハム、イサク、ヤコブに誓われた土地に導き上ってくださいます」(五〇・二四)と言いました。しかしこれが実現するのは四百年も後のことです。

ヨセフは兄弟たちの中で下から二番目でしたから、お兄さんたちはもっと長生きであったということが間接的にわかります。続けて「神は、必ずあなたたちを顧みてくださいます。そのときには、わたしの骨をここから携えて上ってください」(五〇・二五)と遺言を語りました。それに従って、兄弟たちはその通りにするのです。それは、ヤコブの葬儀に比べれば、なんと質素な葬儀であったことかと思います。

エジプトでの貢献のことを思えば、父ヤコブよりもヨセフの葬儀のほうがもっと盛大で、国葬級であってもよさそうです。もしかすると、ヨセフは父のヤコブの葬儀を執り行った結果、「自分のときにはシンプルにやってくれ」と、兄弟たちや子どもたちに伝えたのかもしれません。しかしそれらはすべてこの世的な事柄です。もっと大事なことは、ヤコブもヨセフも神の約束を受け継ぐ者であったということです。

葬儀のすすめ

「葬儀は家族だけで」と言う人がいます。謙遜さの表れであるかもしれません。ただ私は、「葬儀はきちんとやったほうがよいですよ」と言うようにしています。そこには二つの理由があります。

一つは実際的なこと。葬儀を親族だけで行うと、後で弔問客が絶えず、家族が大変です。「一度に来ていただいたほうが、後で楽です」と申し上げることにしています。

でももう一つの理由のほうがもっと大事です。キリスト教の葬儀は、ひとつの礼拝ですから、参列者は期せずして礼拝に連なることになります。牧師は、その人がどのように生きたかということを何らかの形で紹介しますので、それは、その人が「キリストを信じることによっていかに生きたか」という証になります。一番身近な家族へ福音を伝える機会でもあります。そこで最後の役割を果たすのです。

ヤコブの葬儀はエジプト流の盛大なものでしたが、神がアブラハムに対してなされた約束が続き、神はヤコブとヨセフを見捨てず、このように祝福してくださったという証になったことでしょう。

ヤコブのような盛大な葬儀においても、ヨセフのような比較的質素な葬儀においても、大事なことは、彼らが約束を信じて生きたこと、そしてその神様の約束の系譜に連なる先祖の列に加えられた（四九・三三）ことが証されることであります。

兄たちの不安とヨセフの涙

さて、ヤコブを埋葬した後、ヨセフとその兄弟たちはエジプトへ帰りました。そこで兄たちは再び不安になります。父ヤコブ亡きあと、ヨセフは厳しい態度で自分たちに接するのではないか、と思ったのです。彼らは、不安の中、先手を打ってきました。

「お父さんは亡くなる前に、こう言っていました。『お前たちはヨセフにこう言いなさい。確かに、兄たちはお前に悪いことをしたが、どうか兄たちの咎と罪を赦してやってほしい。』お願いです。どうか、あなたの父の神に仕える僕たちの咎を赦してください。」（五〇・一六〜一七）

これを聞いてヨセフは涙を流しました。ヨセフの涙は何を意味していたのでしょうか。

兄たちが、父の言葉を利用していると思って、悲しくなったのでしょうか。もしもそうであったとしても、人間の心はそれほどまでに自己防御的にされてしまうものという現実への悲しみであったことでしょう。それと同時に、そうしたことを超えて働く神様の愛への感謝があったのではないかと推察します。

兄たちは悪い思いをもっていたけれども、それをよきものとして変えてくださって、今の自分があるということを深い感慨をもって思い起こしたのではないでしょうか。

ヨセフは兄たちに改めてこう言いました。

「恐れることはありません。わたしが神に代わることができましょうか。あなたがたはわたしに悪をたくらみましたが、神はそれを善に変え、多くの民の命を救うために、今日のようにしてくださったのです。」（五〇・一九〜二〇）

これはヨセフ物語の結論のような言葉です。ヨセフは、「どうか恐れないでください。このわたしが、あなたたちとあなたたちの子供を養いましょう」（二一節）と付け加えました。

悪をもって悪に報いず

私たちは信仰をもって過去を振り返るとき、そのような思いにさせられるのではないでしょうか。パウロはこう語ります。

だれも、悪をもって悪に報いることのないように気をつけなさい。お互いの間でも、すべての人に対しても、いつも善を行うよう努めなさい。（第一テサロニケ五・一五）

これはヨセフの行動をほうふつとさせるものです。兄たちは悪をもって自分に向き合ったけれども、神様はそれをすべてよきものに変えてくださった。背後には神がおられる。「万事を益に変えてくださる」（ローマ八・二八）という信仰のもとでこそ、私たちは平安のうちに前進することができるのではないでしょうか。

イスラエルの選びと万人の救い

さてヨセフ物語を結ぶにあたって、新約聖書との関係で、ひとつのことを語りたいと思いました。

パウロは、ローマの信徒への手紙九章から一一章において、イスラエルの運命について語りました。「神の民であるはずのイスラエルが、どうしてイエス・キリストの福音を受け入れないのか。」これはパウロにとって大問題でありました。

そのことについて、パウロは「神は御自分の民を退けられたのであろうか。決してそうではない」（ローマ一一・一）と自問自答し、「ユダヤ人がつまずいた」こと（彼らの罪）によって「異邦人に救いがもたらされる結果になり」、それは「彼らにねたみを起こさせるためだった」（ローマ一一・一一）と述べ、さらに「彼らの罪が世の富となり、彼らの失敗が異邦人の富となるのであれば、まして彼らが皆救いにあずかるとすれば、どんなにかすばらしいことでしょう」（ローマ一一・一二）と述べるのです。そしてこう続けます。

福音について言えば、イスラエル人は、あなたがたのために神に敵対していますが、神の選びについて言えば、先祖たちのお陰で神に愛されています。神の賜物と招きとは取り消されないものなのです。（ローマ一一・二八〜二九）

クリスチャンは、ここを読み飛ばしたり、自分たちに都合のよいように解釈したりしていないでしょうか。イエス・キリストが現れたことによって、祝福の担い手がユダヤ人から自分たちに移ったのだと。しかし、神がアブラハムとその子孫に約束されたこと（創世記一五章、一七章参照）は今も有効であり、イエス・キリストが登場したからといって変わるわけではありません。

ケンドール・ソウレンの言葉

ケンドール・ソウレンというキリスト教とユダヤ教の対話に関心をもつ神学者が、この点について興味深いことを述べています。それを教えてくれたのは鈴木脩平氏の「キリスト教とイスラエルの神（二）」という論文でした（『共助』二〇一一年第五号所収）。ソウレンは、「イスラエルの神が……イスラエルの目を閉ざすことによって国々を祝福される、などということはあり得ることだろうか」と問いつつ、こう述べます。

「イスラエルの神がかつて驚くほど同じような仕方で行動したこと、すなわち、あのヨセフと兄弟たちの歴史において行動したことに、人は気づくかもしれない。その場合にもまた、ヤコブの息子たちは、父に特別に愛された兄弟ヨセフを退け、彼を外国人たちに渡したのである」（同三三二頁）（三七・二八参照）。

ヨセフの兄弟たちがねたみによりヨセフを外国人に売り渡し、それによりエジプトに祝福がもたらされたことと、イスラエルの民が同胞であるイエス・キリストを受け入れないことによって異邦人に救いがおよんだこと。私は、この二つを結び付けて考えたことがなかったので、はっとさせられました。ヨセフがエジプトへ送られたことには、神の壮大な計画がありました。その究極の目的はエジプトの救いではなく、ヤコブの一族の救いでした。エジプトはそのために用いられ、いわばヤコブの祝福のお相伴に与ったのです。

「このよく知られた物語が示しているように、準備段階として国々への祝福を行うという回り道をして、イスラエルにとっての究極的な善を追求するということは、決してあり得ないことではない。あり得ないこととは、むしろ、イスラエルに対する神の愛が取り消されたり、あるいは神の祝福の究極的な焦点であるイスラエルを神が放棄される、というとである」（同右）。

ヨセフ物語を通して、ローマの信徒への手紙を読んでみると、なるほどと思います。パウロは「異邦人のための使徒」（ローマ一一・一三）として、異邦人（クリスチャン）に向かって語ります。

兄弟たち、自分を賢い者とうぬぼれないように、次のような秘められた計画をぜひ知ってもらいたい。すなわち、一部のイスラエル人がかたくなになったのは、異邦人全体が救いに達するまでであり、こうして全イスラエルが救われるということです。

（ローマ一一・二五～二六）

神は全イスラエルの救いを考えておられ、そのために異邦人を先に救いへ導くというのです。だとすれば、異邦人クリスチャンはイスラエルの救いのお相伴に与っているようなものなのかもしれません。

ヨセフがエジプトに渡り、先にエジプトに救いが広まり、迂回するようにしてヤコブの家族が救われた。その千数百年後、イエス・キリストが退けられることにより、救いが異邦人世界におよび、やがて全イスラエルも救われるようになる。私たちの小さな考えを超える、神の壮大な計画に圧倒される思いがいたします。それはパウロ自身が最後に語っている通りです。

ああ、神の富と知恵と知識のなんと深いことか。だれが、神の定めを究め尽くし、神の道を理解し尽くせよう。……すべてのものは、神から出て、神によって保たれ、神に向かっているのです。栄光が神に永遠にありますように、アーメン。

（ローマ一一・三三〜三六）

（二〇一九年五月一九日）

引用・参考文献

『聖書　新共同訳』日本聖書協会、一九八七年
ウォルター・ブルッグマン『現代聖書注解　創世記』向井考史訳、日本基督教団出版局、一九九八年
ゲルハルト・フォン・ラート『ATD旧約聖書註解一　創世記　下』山我哲雄訳、ATD／NTD聖書註解刊行会、一九九三年
『説教者のための聖書講解』第二六号、日本基督教団出版局、一九七九年
『説教黙想　アレテイア』第九八、九九号、日本キリスト教団出版局、二〇一七年、二〇一八年
『創世記　聖書共同研究』日本基督教団出版局、一九七〇年
小倉和三郎『創世記ものがたり』キリスト新聞社、二〇一〇年
『黒崎幸吉著作集第6巻』新教出版社、一九七三年
左近淑『旧約の学び　上　序・ヨセフ物語』日本基督教団出版局、一九八二年
マーガレット・F・パワーズ『あしあと』松代恵美訳、太平洋放送協会、一九九六年
松本敏之『神と人間のドラマ――創世記25～36章による説教』キリスト新聞社、二〇一七年

トーマス・マン『ヨセフとその兄弟』(Ⅰ、Ⅱ、Ⅲ)、望月市恵・小塩節訳、筑摩書房、一九八五～一九八八年
矢内原忠雄『聖書講義Ⅴ　創世記』岩波書店、一九七八年
ヴァルター・リュティ『ヤコブ』宍戸達訳、新教出版社、二〇〇八年
鈴木脩平「キリスト教とイスラエルの神（二）」(『共助』基督教共助会出版部、二〇一一年第五号、八月発行)
「朝日新聞」二〇一七年七月九日号
『聖書　原文校訂による口語訳』フランシスコ会聖書研究所訳注、サンパウロ、二〇一一年
〈旧約聖書1〉『創世記』月本昭男訳、岩波書店、一九九七年
『聖書　口語訳』日本聖書協会、一九五四年、一九五五年
『舊新約聖書』日本聖書協会、一八八七年、一九一七年、一九七〇年

あとがき

　創世記説教集全四巻がようやく完結しました。全部で七十二編の説教です。前任地、経堂緑岡教会での説教をまとめて、第一巻『神の美しい世界』を出版して以来、九年が経ちました。第二巻以降のいわゆる族長物語の説教は、すべて二文字熟語の題にしました。この第四巻は、三七章以降のヨセフ物語を扱っており、第三巻同様、すべて鹿児島加治屋町教会の主日礼拝で語られたものです。

　ヨセフは、何度かどん底に突き落とされるような試練を受けましたが、それは「神の壮大な計画」の一部であることが、後になってわかります。ヨセフは、失意のただ中にあっても絶望してしまうことなく、万事を益としてくださる神様を信じる摂理信仰によって（ローマ八・二八参照）、耐え抜くことができたのでしょう。現代の世界も、問題だらけで出口がないように見えてため息が出るばかりですが、神様は「私たちを用いて」すばらしい方向へと導いてくださることを信じたいと思います。私自身、近年、大きな試練を経験しましたが、ヨセフ物語を通して「今はまだ見えない神のよき計画」を信じる信仰を新たにされ、随分励まされました。

表紙の写真は、四巻とも桃井和馬さんが提供してくださいました。第一巻がギアナ高地（南アメリカ）、第二巻がサハラ砂漠（アフリカ）、第三巻がカシミール地方（アジア）、第四巻が地中海イタリア沖（ヨーロッパ）ということで、奇しくも世界各地の写真が説教集に彩りを添えてくれることになりました。感謝です。

第一巻からすべて、細かいチェックをしてくださった岩橋常久さん、小友聡さん、山田泉さん、本の完成までご尽力くださったキリスト新聞社の金子和人さんと富張唯さんに感謝いたします。

この書物は、私が園長を務める敬愛幼稚園の子どもたち、教職員、関係者の方々にささげます。私は毎週金曜日の礼拝で、子どもたちに聖書のお話をしていますが、旧約は三年サイクルで、ヨセフ物語、モーセ物語、ダビデ物語を、十回ほど連続で語ります。昨年はちょうどヨセフ物語の年であり、説教にも多くのヒントが与えられました。また子どもたちを毎朝、門の前で迎えてハグをします。子どもたちといっしょに、おいしい給食を食べる時間が、一日の生活の中で最も幸せな時間です。

二〇一九年一〇月一五日　鹿児島・加治屋町にて

松本　敏之

松本敏之（まつもと・としゆき）
日本キリスト教団鹿児島加治屋町教会牧師。学校法人鹿児島敬愛学園敬愛幼稚園園長。
1958年、兵庫県姫路市に生まれる。立教大学文学部キリスト教学科卒業、東京神学大学大学院修士課程修了、ニューヨーク・ユニオン神学大学院STMコース修了。
日本キリスト教団阿佐ヶ谷教会伝道師、サンパウロ福音教会牧師、ブラジル・アルト・ダ・ボンダーデ・メソジスト教会牧師、弓町本郷教会副牧師、経堂緑岡教会牧師を経て、2015年より現職。
著　書『神の美しい世界――創世記1～11章による説教』、『神に導かれる人生――創世記12～25章による説教』『神と人間のドラマ――創世記25～36章による説教』（以上、キリスト新聞社）。『マタイ福音書を読もう』全3巻（日本キリスト教団出版局）。
監修・共著『牧師とは何か』、『そうか! なるほど!! キリスト教』（以上、日本キリスト教団出版局）。

装丁：長尾　優
カバー写真：桃井和馬

神の壮大な計画――創世記37～50章による説教

2019年12月13日　第1版第1刷発行

著者　松本敏之
発行所　キリスト新聞社
〒162-0814 東京都新宿区新小川町9-1
電話 03(5579)2432
URL. http://www.kirishin.com
E-Mail. support@kirishin.com
印刷所　モリモト印刷

ISBN 978-4-87395-769-2 C0016（日キ販）　Printed in Japan